世の中の8割はどうでもいい。

頑張ってもうまくいかないを変える思考術

犯罪学教室のかなえ先生

小学館

世の中の8割はどうでもいい。

頑張ってもうまくいかない人生を変える思考術

犯罪学教室のかなえ先生

小学館

まえがき

「気にしないこと。みんな君には興味ない」

なんか最近世界が楽しくない――。

ＳＮＳなんていっそ、猫か犬の画像で溢《あふ》れてしまえばいいのに――。

このキモチ、どれだけの人に共感してもらえるのだろうかと考えてしまうことがあります。

別に、戦争とか政治とか野球の話をしたいわけじゃないんです。

もっと私に身近な話。

例えば……本当にどうでもいい他人のことを自分ごとに捉えて悲しみを覚えたり――。
自分も救えていないのに、他人の不幸を敏感に感じ取って義憤に駆られたり――。
誰が決めたわけでもない「～べき思考」に惑わされてがんじがらめになってしまったり――。

これらの状態は、新しい〝現代病〟のように思えます。個人的には胸の奥のモヤモヤが取れなくて悩むことがあったら、たまには「テキトーに対応する」ことも選んでほしいと思ってしまいます。とはいえ、それができたら誰も悩まないですし、いきなり言われても意味不明ですよね。

とにかく**肩の力を抜いてテキトーに生きてみよう**――今回は、そんな話です。

一応先に断っておくと、この本は、「テキトーで不真面目に生きてここまで来てしまった私」が「テキトーじゃない皆様」に向けて書いたものです。

では、自己紹介を。

初めまして、私はそれなりにいい歳をした成人男性です。

あとで詳しく話しますが、テキトーに生きてきた結果、今は「犯罪学教室のかなえ先生」という名でVTuberをしています。VTuberになる前には少年院で先生をしていたことがあり、普段は生放送形式でそのときの経験を活かした事件解説などをしています。知らない人向けに説明すると、〝ジェネリック池上彰〟みたいな感じ（畏れ多い例えですが）。

タイトルの『世の中の8割はどうでもいい。』というのは、少年院で子どもたちに教えていたことです。他人に目を向けがちな思春期の子たちに対して「大事なのは他人から見た君ではなく、自分から見た自分を成長させることだよ」という意味で使っていました。私事を今一度見直し、自己が抱える問題の解像度を上げてほしかったのです。

ただ、この説明だと「これから難しい話をするのかよ」と思われそうですね。

しかし、そこはどうかご安心ください。

この本の中に「血なまぐさい犯罪の話」や「教室を思わせるような堅苦しい雰囲気」は全くありません。表紙にある通り、テキトーな人間が気の向くままに書いたテキトーな本です。

アニメの絵を纏って、テキトーにお喋りをしているだけなのにわずかばかりの影響力を持ってしまった成人男性が、言いたいこと言うだけですから、気にする必要はありません。

さて、私は事件解説の傍らで「お悩み相談」もしています。視聴者からテーマに沿ったお悩みを集めて、放送でそれに回答していくものです。少年院の先生をやっていたときもそれなりの数の非行少年のお悩み相談を受けていたので、寄せられる負の感情に私自身が巻き込まれることはないのですが、3年やっていて最近面白いことに気づいたのです。

それは、寄せられるお悩みの中に「**理不尽な目に遭ったと思い込んでいる人**」や「**傷つけられた経験に執着している人**」からの投稿が異常に多いことです。

「はぁ……？」

「だから何？」

そんな感じの声が聞こえてきそうです。

確かにわかりづらい表現でした。具体的な例で言い表すと、次のような悩みです。

●あることで誰かさんと揉《も》めました。これって私がおかしいのでしょうか？

●あることで不快な思いをしました。相手はどうしてそんなことをするのでしょうか？

相手を許すことができません。

●あることで傷つきました。許せません。先生、どうしましょう。

こんな感じでパターン化されるのです。

そうしてお悩み相談をしていくうちに私は、あることに気づきました。「悩みを解決させること」に意識が向いておらず、むしろ「悩むことや悩み自体」に執着したり、自分のこだわりでがんじがらめになってしまっている人が多いのです。そして、このような人の多くが本来意味のないものをごちゃまぜに合体させ、さらに原因や意味を自分でこじつけてもっともらしい意味を持たせてつかんだまま離さないようにする。その一方、悩みそのものの原因を他者や社会に帰属させてしまっているように見えます。

めちゃくちゃですね。そりゃ、解決するわけがありません。

自分の問題を他人の問題にすり替えて、「自分は悪くない」ことを私に肯定してもらうために相談を持ち込んでくるわけですから。

「自分が悪いに違いない」

「いや、自分は悪くない」

間違った認知に揺さぶられて、常時モヤモヤが解消されない状態です。

どーでもよいことにこだわり、囚《とら》われ、そして行き詰まってしまう。答えが出ないことなんて多々あります。もしくは、答えが驚くほどシンプルか。たいていこのどちらかです。

「問題を抱えている自分は、周囲に迷惑をかけている」と思い込んでいる人には、**「周りはあなたに対して、そこまで興味を持っていない」**という言葉を贈りたいです。

つまり、失敗してもいいし、恥をかいてもいい。みんな悪いし、自分も悪い。怠《だる》かったら他人のせいにしてもいい。変に失敗を恐れすぎてまわりくどく立ち回る必要はないのです。**失敗が前提にできているのだから、人間は皆、失敗作。その中からマシな失敗作がもてはやされてるだけ。だから、テキトーでいいのです。**

この本を読み終えたとき、あなたの世界が僅《わず》かにでも明るく見えるようになっていることを祈ります。そのため、「テキトー」に関する私自身の恥ずかしいエピソードも交えてお話ししていこうと思います。

目次

第1章

「テキトー＝無責任」という勘違い

「無」から怒りを生み出しちゃっていませんか？

あまりごちゃごちゃしたことを書きたくないので結論から話します。

なぜ世の中の8割くらいのことはどうでもいいことなのか。

答えはめちゃくちゃ単純です。

「私自身が勝手にそう思っているから」

「この考えのおかげで本当に人生が生きやすくなったから」

この2つです。

何か期待させてしまったかもしれませんが、学術的知見に基づくものでもなく、単純に人生訓です。**しかし、この「私がそう思っている」ということがとても大事です。このおかげで、私は「全て自分事として捉えて解決できないまま苦しむ呪い」から無事に解放されましたし、社会から自分を取り戻せた気がします。**

大きな事件が起きたとき、急に自分が被害者に変換されて動悸《どうき》が止まらなくなったり、涙が止まらなくなったり。

しかし、一度冷静に考えてください。

例えば芸能人の不倫スキャンダルが報じられたとき、自分を被害者（不倫された側）と重ねて「ひどい話だ！」と怒りが湧いてきたとします。

しかし、実際にはあなたにはそんな事件は起きていませんし、報道から情報を集めてそれらしい考察をしても、結局は「真実っぽい」話ができ上がるだけです。実際に起きている芸能人の不倫問題は解決しません。それどころか、「自分が被害者のパターンの怒り」が新たに生まれるだけです。何もないところに、〝一生解決しない問題〟を生み出してしまったわけです。

芸能人は被害者に迷惑をかけたのであって、直接あなたに迷惑をかけたわけじゃないのです。それにもかかわらず、被害者側に引っ張られてしまった結果、「謝罪しないなんて許せない！」という感覚に陥ってしまう。

これです。

これが、前書きで話した「自分で無理やり意味をこじつけて、相手に原因帰属させる行為」であり、今回のケースでいえば、自分でおこした火の責任を相手に擦《なす》りつけて消火するようなものです。

大切なのは、冷静に問題を切り分ける能力という気がします。……気がしますと書いたのは、なんとなく自分でそう思っているからです。エッセイだし、それくらい緩くても許してほしいな～と甘えてみます。

だって、あなたがいま抱えている問題が実際にどうなのかはわかりませんから。私も〝抱えていそうな問題〟として私自身からは切り分けて、テキトーに答えているのです。

不寛容な世界を明るくしてくれる「テキトー」

ただ、ここで少しみなさんに質問があるのです。

「テキトー」という言葉にどのような印象を持っていますか？　ネガティブとポジティブ、どちらでしょうか。

私はわりとポジティブな印象を持っています。なんか……こう、ゆる～い感じが好きです。

まぁ、もしも読者の皆様がネガティブな印象を持っていたとしても、私はこれからポジティブに話していくので先ほどの質問はあんまり意味がないのですが……ただし、テキトーという言葉にネガティブな印象を持っている人が多いことはなんとなく把握しています。否定するつもりはありません。考えが違うこともいいことです。

私はSNSのX（旧Twitter）のプロフィール欄に【元気とアホが取り柄の不真面目テキトーお兄さん】と書いています。謙遜《けんそん》の類いではなく、本当にこの一文通りの人間なのです。

しかし、このプロフィール欄を見た人からたびたびご指摘を賜ることがあります。

「元少年院の先生なら『アホ』なんて汚い言葉を使うな！」

「テキトーな解説は真摯《しんし》に学術に向き合う方に対して失礼では？」

「不誠実に聞こえる関西弁をやめろ！」

今回は本当にいただいたことのある〝わかりやすいご指摘やご意見〟を取り上げました。

不快にさせてしまったことについては、本当にお詫びしなければならないと思います。

嫌味ではなく、不快にさせてしまった原因については私にはわからないので、そう言われてしまったら「不快にさせてしまったことだけ」を謝罪するのです。訂正するのか否かは「こっちの問題」であり、相手が不快に思ったかどうかは「私の問題ではない」という……そんな感じで問題を切り分けます。**こうやって冷静に問題を切り分けられるようになると、本当にストレスが少なくなりますし、世の中のことはほとんど「自分の問題」ではなく「他人の問題」であるため、どうでもいいこととして関わらなくていいんだなと思えて気が楽になります。**

少し話を戻すと、このような指摘を受けた際に、私は興味本位で彼ら彼女たちに質問したことを今思い出しました。なぜ、彼ら彼女らは執着するのでしょうか。

「なぜ、テキトーや不真面目はダメなのでしょうか？」

実際にご指摘くださったある人物にコンタクトすると、非常に興味深い回答をいただけました。

「そんなもの当たり前！　情報発信は真面目にするべきだ！　テキトーにやるなんて許せないし、ニュース番組でも関西弁使っているの見たことあるか？」

ほ――――ん。

ちなみに言い忘れていましたけど、私はコテコテの関西人です。そして私は性格がテキトーで不真面目なだけで、情報発信はこの人の言葉を借りると「真面目」にやっています。

すいません、話を戻しますね。

回答になっているようでなっていないことが気になったのですが、同じ質問をぶつけても酷だろうと思い、私はこの人に別の質問を投げてみました。

「私がテキトーで不真面目、あと関西弁であることで、どんな悪影響を与えましたか？」

すると、その人はこう返答しました。

「社会に悪影響を及ぼす。少年院の先生が皆テキトーと思われる。関西弁だと話を聞いているときにイントネーションに引っかかってしまう。理解を妨害されるからやめてくれ」

つまり、この方に直接悪影響を及ぼしているのは私の関西弁だけらしい。

さらに続けて2つの質問をしてみました。

「なぜテキトーだとダメなのでしょう」

「では、あなたの言う『真面目』とはなんですか？」

残念なことにここで交流をブロックされてしまったので対談はここまで。

別に頭のおかしいコメントを晒《さら》したいわけではなく、単純に疑問に思ったことを知りたかっただけなのですが……ここで皆様に質問があります。

皆さんは「真面目」をポジティブな意味で捉えているのでしょうか？

私は「真面目」という言葉は非常に巧妙に仕組まれた「自己を刈り取る」呪いの言葉だと捉えています。さっきから例え話ばかりしている気がしますが、他人に「真面目」という言葉を使う場合には「真面目にやりなさい」と他人を注意する場面や「真面目そうな人」のように他人を評するときに使われることが多いように思います。

しかし、「真面目にやりなさい」という言葉はかなり抽象的なんです。

辞書で調べてみるともっと興味深い。

【真面目】

うそやいいかげんなところがなく、真剣であること。本気であること。

うーん、これは非常に面白いですね。

現実問題としてうそやデタラメが当たり前に存在する世界の中で、真面目に生きるのはとても難易度が高いことのように思います。つまり、「真面目に生きる＝人として正しく生きようとするあまりにめちゃくちゃしんどい苦行を強いられる」ということになりますよね？　車のブレーキやハンドルですら遊び（ゆとり）があるのに、人生をガチガチに固めるのって、すごく息苦しいし、神経をすり減らしてしまいますよ。

しかも、真面目の基準って自分で決められないんですよ。なぜなら真面目に生きるには、必ずそう評価してくれる他者や社会が必要になり、そうなってしまうと「自己」の評価も問題解決も他者や社会に依存しなければならなくなってしまうのです。その結果、他人にも自分にも厳しく、常に自分が正しい側にいることに執着してしまう人間のでき上がり。常に自分に不安を抱えながら、他者へは不満を漏らす。真面目が支配する世界は、結果的に自分も他人も生きづらい世界であることは間違いないでしょう。

少し視点を変えて、イメージを膨らませてみましょう。

注意している側が「お前は真面目にやっていない」と思っているわけですが、注意される側からすれば「具体的にどうすればいいんだ？」と、少々の混乱が生じます。もちろん明らかにふざけている場合は想定しないことにします。

私の過去の話ですが、真面目にアルバイトに勤しんでいたはずなのに、社員さんから「真面目にやれ！」と注意を受けて軽いパニックになったことがあります。どうやら、私の作業の姿勢が彼の目には「真面目にやっているように見えなかった」だけの話でした。なにも具体的な評価基準はありません。「彼の目にはそう映っていた」だけなのです。

ここで私の出した結論は、**「『真面目にやれ』という言葉は、あえて抽象的な言葉を使うことで混乱させ、相手の行動を制限する呪縛《じゅばく》の言葉なんだ」**でした。

では、ここでもっと皆様の身近にある場面に置き換えてみましょう。

例えば、学校の掃除の時間。

ちょっと要領が悪い私。

周りよりも遅いペースで教室を掃除中。

しかし、それを見た先生に「真面目にしなさい」と注意される。別にふざけていたわけではないが、相手からはそう見えてしまったらしい。結局先生の思い通りの動きをしていなかったために注意されたわけで、今後注意を受けないためには自分ではなく先生の思い描く動きに徹しないといけない。先生のために自分のペースが乱されてしまう。

でも、そのおかげで表面的にはクラスの調和は取れる。美しい。自己犠牲の産物。

しかし、「私」は苦しいまま。「私の要領の悪さ」は解決していないですよね。

もちろん明らかに遅いとそれは問題ですが、周囲との動きや先生の思い通りに動いていないと「真面目じゃない」と認定されるのは、非常に不憫《ふびん》だと思いませんか。

他にも、苦手な体育の時間。給食の時間。

自分なりに精一杯やっているのに、「真面目にやりなさい」と注意されて「私は真面目じゃないのかな」「もっと真面目にならなきゃ」と思い詰め、そのうち「ちゃんとできない自分が嫌い」となってしまう人もいるでしょう。

ぶっちゃけた話をすると、**「真面目にやれ」って「他人にとって都合のいい人間になれ」ってことなんですよね。具体的な改善点や注意を示すわけではない、抽象的な指摘で相手の思考や言葉を縛れる〝便利〟な言葉です。**

だから、こっちはテキトーでいいんですよ。

相手は自分の思い通りじゃないあなたをコントロールしようとしている。でも、本来それは相手自身が「まぁ、こんな人もいるよね」「悪気があるわけじゃないもんね」と受け止めて問題を分離して、不都合のある部分だけ具体的に指摘して改善を求めるだけでいいはずなんです。しかし、相手はそれをしない――いや、できないのは、自分の中で明確な理由はなく、あくまでも自分と一体化させた社会常識の引き出しの中からその場しのぎ的に持ち出してきた誰かが決めた誰かのための理屈を押しつけているだけだからです。

少し脱線してしまいましたが、４ページほど前まで話を戻すと、私に苦言を送ってきた人が、私の返答に対して筋の通った回答ができなかったのは、他人の言葉や思考を借りて私に苦言を呈していただけだからでしょう。

つまり、彼には自分がないのです。

不寛容の正体は「自己のなさ」と「無理な原因帰属」

周りを見て、「こうあるべき」「○○しなければならない」と思い込んでいるうちに、自分が希釈されていき、自信をなくして、いつしか誰かが決めた正解らしいものに縋《すが》り、また自分をすり減らしてしまう悪循環。なぜなら、心の奥底に内在化させた信念が自分の正しさであり、それが自分を立たせている理由になるから。

そして最後には周りから見たら「お前、誰と戦っているの？」状態に。

常に何かに怒っていたり、何か不平不満しか言わない人っていますよね。一見近寄りがたいそのような人も、実は悪循環から抜け出せないだけなのかもしれません。

そして、悪循環から身を守るのが今から紹介する「テキトーに生きる」マインド。その第一歩が、「世の中の8割はどうでもいいこと」と思えるようになることです。

では、テキトーに生きることのメリットを紹介します。

●基本的にストレスフリー
●結果的に広い視野を持つことができる
●他人を許せるようになって良好な人間関係を築くことができる

他にもいろいろあるような気がしますが、個人的にはこの3つが大きなメリットだと感じます。「テキトー」という言葉を聞くと、先ほども話した通りどうしても「無責任」「不誠実」「他人任せ」のようなネガティブな印象を持たれてしまいがちですが、SNSの利用者が爆発的に増えてオンラインを介して人との距離が近くなってしまい、リアルでもオンライン場面でもストレスが蓄積されやすくなった時代だからこそ、実は「テキトー」に生きる能力は自分だけでなく他人も守るために必要な能力なのです。

さて、テキトーに生きるのが、なぜストレスフリーなのか。理由は簡単で、解釈を適切に放棄できるからです。

まず、何かを認識したときに人間の脳は「思考」を開始します。

ここからは皆様も過去の自分を振り返りながら考えてほしいのですが、何かが起きたとき、人間は大きく分けて２つの思考を行います。ざっくりとまとめてみると――

●無意識かつ反射的に思いつく「直感的な思考」
●意識的に物事を解釈しようとする「論理的な思考」

この２つです。

ここでもしかすると、読者の皆様は「テキトーに生きるには、前者のほうが大切なのかな」と思う方もいるかもしれませんね。

しかし、私がここで大事にしてほしいのは後者の論理的思考です。今から例え話をするので、少し前にお話しした「問題を自分で意味付けしてこじつけて相手に原因帰属させてがんじがらめになってしまう人」をイメージしてみてください。

【居酒屋で間違った商品が届けられた。それを指摘した際に店員の態度が悪かったために腹が立った。もうあんな店には行かないと決めた】

別に居酒屋ではなくても、店員が間違った商品を運んできたり、注文した商品が入っていなかったりなどは一度くらい経験することだと思います。一応補足しておくと、この例え話において、お店がどこかは重要ではありませんので居酒屋が想像しにくい人はファストフード店などに置き換えて想像してみてください。

さて、それではこの事象を分解してみましょう。

【居酒屋で間違った商品が届けられた】

【それを指摘した】

【その際に店員の態度が悪かったために腹が立った】
【もうあんな店には行かないと決めた】

前半2つは、主に事実を示していますね。

もちろん、間違った商品が届けられた後に、何かしら思考して、その結果として店員に指摘するという行動をこの方は選択されたのでしょう。ただ、多くの場合には、間違ったものが届いたことを「報告（あえてこの書き方をしますが）して改善を求めること」は普通のことですから、ここについては考えません。

注目するべきポイントは3つ目です。

この方は、店員の態度が悪いと認識して怒りが湧いてしまう。まさに、無意識かつ反射的に思いつく「直感的」な思考によって生起された感情といえるでしょう。そもそも怒りとは理不尽な言動や態度、不当な扱いを受けたときに自然と感じる感情ですから、こっちの言い分が正当であるにもかかわらず店員の態度が悪いことを理不尽に思って、彼は腹を立てたのでしょう。その結果、4つ目のように【もうあんな店には行かないと決めた】わけです。

ここで考えてほしいことがあります。実は、この問題って、このままだと解決したことにはならないのですよ。もちろん、今後不快な思いをしないためにも、そのお店には足を運ばないという選択は最適な判断だと思います。

　しかし、この方の抱えた怒りはどうするのでしょうか。他で発散するのか、忘れるのか、どうするかはわかりませんが、少なくともその場では実は全く問題は解決してないのです。彼の怒りは店員の態度が原因ではなく、店員の態度に触れた際に直感的に自分で生み出した感情であり、その怒り自体はこの方の胸の中に留まってしまうことになるからです。しかも原因となった相手とはもう関わることはできないので、この体験は彼の胸の中でしばらく〝しこり〟として残り続けるでしょう。

　では、この状況を回避するためにどうすればよいのでしょう。

　もう察しのいい人は気づいているかもしれませんね。

　そうです。倫理的思考によって、3番目の「店員の態度」に関する解釈を変えることです。仮に本当に店員の態度が悪かったとしても、例えば――

【私の指摘の仕方が悪かったのか】

【この店員さんは疲れているのかもしれない】

【もともとこんな態度の悪い店員さんなのかもしれない】

他にもいろいろな考え方ができると思います。

直感的に「理不尽」と感じる前に、あえて頭を働かせて相手の立場や振る舞いの背景に触れてみようとする。今回の場合でまた振り返ってみましょう。

１つ目の思考解釈パターンだと、一部自分に問題の責任を負わせることになります。

２つ目のパターンだと、相手の事情を鑑みて理不尽な状況に意味づけをして緊張を緩和させることができます。

３つ目のパターンだと、これは解決不可能なことだとして問題として設定することを諦められそうです。

ここまでだと、つまらない心理学的自己啓発本みたいな内容ですが、皆様が読まれているこの本は「テキトー本」です。正直、論理的思考を働かせても【店員の態度が悪い】ことはあくまでもこちらの推定でしかないわけです。まさか相手に正解を聞くわけにもいきません。

そうなんです、これそもそも解決しない話なんですよね。

よって、ここで「テキトーな思考」を発揮させましょう。ここで４つ目の思考です。

【まぁ、いっか。別にどうでもいいことだ】

理由はいろいろ考えられます。

けど、考えたところで本当の正解はわかりません。

正解が不明な問題なんて、問題としてそもそも成立していません。

よって、この問題は無視します。そして、この「無視する」という回答が最も簡単に素早く正解を得られる選択なのです。ただ、不快な思いをしたのは事実なので、あの店には行かないようにしよう。

こんな感じです。

つまり、自分の問題にも相手の問題にもせず、突然4つ目の結論に思考を到達させるのです。ただ、ここでひとつ補足しておきたいことがあります。

先ほど紹介した直感的思考も論理的思考も両方大事なものだということで、特に先ほどの説明だと直感的思考はいらないものに聞こえたかもしれません。

確かに直感的思考は、物事を分解して方程式を解くように順序立てて問題を各個撃破することや、複数ある前提条件の中から論理的に結論を導き出すことは苦手です。よって、今回のような場面だと、自分の問題を相手に押し付けてしまい、結果として自分の中にモヤモヤが晴れないようなバグが生じてしまうわけです。

これを思考プロセスのエラーとでもいいましょうか。直感的思考は自動的に結論（解釈）まで出してしまうため、エラーに気づきにくいというのが厄介な点です。

そして、このエラーにブレーキをかけてくれるのが「論理的な思考」ですが、毎回論理的思考を働かせてしまうと、今度は頭が疲れてしまいますし、判断が遅れてしまいます。

よって、脳の省エネのためには、直感的な思考力も脳にとっては必要な機能と言えます。最終的に直感的にテキトーな思考ができるようになれば、最高です。

直感と論理の狭間で覚えてほしいこととは？

もちろん論理的思考も大切です。

疲れてしまいますが、一旦立ち止まって思考のバグを修正してくれる機能もありますし、適切な判断や推論へ導いてくれます。自分の思考が今どうなっているのかを点検して、そこから上手く思考を進めるための重要な足場としての機能を果たしてくれると説明するとわかりやすいかもしれませんね。

いろいろと話してきましたが、**結局ここで私が言いたいのは、【まっ、いいか】と思えるようになると、脳へのストレスや自身が胸に抱えるモヤモヤを無駄に背負わなくなるので、不要なストレスに自身が振り回されなくてよくなるということなのです。**

モヤモヤは感情の不良債権です。

抱えているだけではどうしようもできません。

ならば、もうさっさと債務整理して前向きに再出発しちゃいましょう。

つまり、**テキトーに生きるというのは、これまで説明してきた思考を理解した上で正解のない問題を切り捨てていくという考え方をベースに生きることであり、これは無責任というネガティブなものではなく、自分も他人も必要以上のストレスを感じることなく生きるために必要な、高度なスキルの実践を指すのです。**

テキトーに生きるには、問題を適切に切り分けて適当に解釈・判断する能力が必要になってきます。これは私自身の問題なのか、それとも相手の問題なのか、それともそれとも、どうしようもない問題なのか――考えると、人生において8割くらいは「自分事ではない（自分が解決するべき問題ではない or 解決できない問題）」という意味で「どうでもいいこと」といえそうです。つまり、無駄な力は使わず、自身の問題に向けて力を使って省エネで生きていく――これも「テキトーに生きる」ということになるでしょう。

真面目に生きることも非常に素晴らしい心がけだと思います。

しかし、真面目には余白がありません。

誰か他人の型にハマって生きるととてもしんどくなります。

特に多様な価値観が尊重される今の時代において、真面目の指標になる「常識」は不安定で不均一で内在化させるには脆《もろ》いものなのです。しかし人間は不思議なもので、自分は常に正しい側であろうとします。特に中身のない人ほど、意味のない正しさに縋《すが》ろうと躍起になって新しいトラブルやストレスを抱えてしまうようになります。

私たちは、物事がうまくいっているときは「自分の実力」と思い、反対に物事がうまくいかなかったときに「周りのせいだ」と思ってしまいます。もしかしたら、全部反対に、成功したときは「周りのサポートのおかげで私の実力じゃない」と思い込んでしまったり、失敗したときは「やっぱり私のせいだ」とひどく思い込んだりする人がいるかもしれません。しかし、結果が発生した以上、それもテキトーに受け止めればいいのです。

周りのお陰にして自分を苦しめるのも、
周りのせいにして誰かを恨むのも、
実はあまり意味がないのです。
だって、どうせ解決しないから。
それならばもう問題ごと捨ててしまいましょう。

成功したときには「まぁうまくいったんだな」と結果を喜びましょう。失敗したときには「あぁ失敗しちゃったんだな」と次の成功に向けて前向きに考え方を切り替えればいいのです。もちろん成功しても失敗しても、結果を放置することは推奨しませんが……。

長い目でみると、両方とも所詮「人生の通過点」でしかないのです。

結果について、あなたが全部悪いわけではなく、周りが全部悪いわけでもなく、要はバランスが大事。

どうでもいいことが8割。自分事が2割。

先に8割のことに自分のリソースを割くのではなく、まずは2割くらいの自分事に全力で取り組みましょう。どうでもいいことを考えるのは、余力があるときだけにしましょう。そうすれば道は良い方向に切り開けるかもしれない。それがこの本を通して皆様に伝えたいことになります。

ちなみに、この「8対2」という割合もテキトーです。ようは「どうでもいいことのほうがすごく多い」ぐらいのニュアンスが伝われば十分です。

過去を引きずるのは無意味

成功も失敗も、あなたが思っているほど周囲は覚えていないものです。なぜなら、失敗や成功を意味づけているのは、そう捉えた「あなた自身」だから。

長い目でみると、両方とも所詮「人生の通過点」でしかないので、考えすぎる人はそこまで深く受け止める必要があるのか、テキトーに考えてみるのもいいかもしれません。

生きている限り挽回のチャンスはいくらでもあります。なので、ひとつひとつの過去にこだわってはいられません。

しかし、この言葉に反発を覚えてしまう人もいるでしょう。

テキトー思考は、不遇な環境で育った結果として思考にロックがかかってしまった人には、なかなか受け入れることができないと思います。理由は簡単で「自分が悪い」と言われているように感じてしまうからで、一定程度以上の抑圧体験や不幸体験を積み重ねてきて他人や社会に原因帰属することで自分を保って生きてきた人にとっては受け入れにくいはずです。

ただ、何度も言いますが、あくまでもこれは私自身を救ってくれた思考法を皆様に披露しているだけで強制する意図を持って執筆しているわけではありません。

自分では解決できない問題を周りに押し付けてしまうのは、人間の悲しい性です。

それを理解した上で、まず「どうしたら自分がラクに生きられるか」という視点に立った、ある意味自己本位な考えが「テキトーな生き方」なのです。

コラム

「俺流☆最強の自己肯定感の回復方法」

お悩み内容

アラサーのＯＬです。

自己肯定感が低いことが悩みで、会社にいても自宅にいてもどんよりとした気分になります。かなえ先生が実践している自己肯定感の高める方法を教えてほしいです。

仕事は主に事務です。

同僚や営業などの他部署との関わりが比較的多いのですが「〇〇さん（私）って自己肯定感低いよね。もっと自分に自信をつけよう！」と言われています。

自分でもどうなんだろうと考えています。

心理学の本なども参考にしてみましたが、イマイチ高まっている感じはしません。

前向きなアドバイスをもらえると嬉しいです。

回答

「高い茶器を買って家でティータイムを！ 自己肯定感が低いことの何が問題？」

そもそも自己肯定感は高くなきゃいけないのでしょうか。お悩みを読んで最初に思ったことです。

自己肯定感に関するお悩みは、私のやっているお悩み相談に多く寄せられるお悩みのひとつです。少し前のメンタリズムブームや心理学本の流行によって、自己肯定感という言葉をさまざまなメディアで目にすることが多くなりました。心理学者やカウンセラーも、積極的に自己肯定感の高め方についてアドバイスしていますし、そんな世の中だといついつい自分は大丈夫か不安になってしまいますよね。

私に送られてくるお悩みの中にも、あなたのように心理学本を読んだのにもかかわらずスッキリしなかった経験をしている人がそれなりにいますが、そもそもの話として自己理解が進んでいない状態で心理学本やセミナーなどを頼ってもあまり意味はないと思っています。

そもそも、自己肯定感とは「自信」を指す言葉ではなく、ありのままの自分を肯定する感覚をいいます。ちなみに自信につながるのは自己効力感です。

そのため、「自信がない」というネガティブな認知を持っていても「それが自分だから

♡」と思えているならば、それはそれで自己肯定感がある状態といえます。

わかりやすいイメージでお伝えすると、自己肯定感とは「タイヤの空気圧」みたいなものです。高すぎてもダメだし、低すぎてもダメ。個々人ごとに適正な程度が決まっていて、本来競うものではありません。まぁ……タイヤは車ごとに決まっているので人間よりも適正量は細分化されていませんが、今の説明で多少はイメージがついた方も多いでしょう。

そのため、まずあなたに言いたいのは、周りに流されず、一旦ありのままの自分を受け止めてあげてほしいということです。周りに言われるがまま自信を持てるように何かしなければならないと考えたり、自己肯定感を上げようと焦ったりして余計にネガティブになってしまうなんて本末転倒です。あなたの心の問題はあなた自身で解決しなければならない問題ですから、まずは自己分析をしてから問題解決にのぞみましょう。

さて、ここで終わってしまうと、最初の質問に回答しないままになってしまいます。

もしも、本当に自己肯定感が心の器の規定量に達していない場合、私が独自にやっていることになりますが、そのひとつが家の中にある超高級ティーカップで紅茶を飲むです。

また、出社して家にいないときは、こっそり持ってきた高級なチョコレートを休憩時間中に食べるようにしていました。他にも休日にあえて高級ホテルに泊まるなど。
高級なティーカップを使うのは、それを持っているだけでひとつ自分を満足させることができたり、それを使って紅茶を飲むことによって「少し上質な時間を過ごせている」自分のことを好きになれたりします。家の中の少しの時間が、ティーカップひとつで優雅な時間になるなんて信じられないという人もいるかもしれませんが、私の場合は気分もリフレッシュできますし、自己肯定感が上がります。ちなみにチョコレートも同じ理由です。ただし、チョコレートや紅茶などに興味ない人は、昼休み中に少し高いランチを食べに行くとか、普段着ない肌触りの良い高級なパジャマを着て寝たりするのはどうでしょうか。

ちなみに高級ホテルの滞在もおすすめです。これが一番かも。
外資系の高級ホテルでも旅館でも構いませんが、一流のお客様として一流のおもてなしを受けてみてください。最初は恐縮してしまうかもしれませんが、優雅でゆったりとした時間を味わううちに、まるで自分も一流になれたような気分になりますよ。

よく「環境や立場が人を作る」といいます。一流の高級ホテルや旅館で提供されるサービスやおもてなしは全て余裕に満ち溢れており、その余裕が気品を作り出しています。上質な環境やおもてなしが、あなたの心にも余裕のお裾分けをしてくれるでしょう。よければ、お試しください。本当に生まれ変わったような気分になるはずです。

第2章

テキトーに生きてもVTuberになれる

ロクでもない人生にも花は咲く

執筆にあたり、私の人生を改めて振り返ってみました。

本当にめちゃくちゃな人生を歩んでいると思います。

だけども、私は今はっきりと胸を張って「幸せ」だと言えます。

これは本当に恵まれていると思います。どうせみんな死ぬのだから、周りの目を気にして息が詰まるような人生より自分が幸せに感じられる人生のほうが最高に決まっています。

もちろん、犯罪はナシですよ？

ただ、迷惑をかけることはあるかもしれません。

でも、それもお互い様です。他人に迷惑をかけない人生を目指すことは、もしかしたらかなり視野の狭い傲慢《ごうまん》なことのように思います。

迷惑をかけてもいいし、かけられても相手を許せる余裕がないと難しいのかもしれません。個人的には必要なときに次の言葉が言えるかどうかだと思います。

「ありがとう」

「ごめんなさい」

「助けてください」

これらの言葉が言えるかどうか。

すぐに言えなくてもいいと思います。私も随分と時間がかかりましたし……今は、これが言えるか言えないか、自分の心の余裕残量を示すバロメーターだと考えています。

なぜ「人生の8割がどうでもいいこと」なのか

ここからは、私の人生を軽く振り返ってどうして「人生8割どうでもいいこと」だと思うようになったのか、どうして「テキトーに生きることを選んだのか」を話していこうと思います。ただし、多くの人は私の人生そのものには興味がないでしょう。

それに私は自伝を執筆できるほど、たいした人生経験を積んでいません。そのため、今回は「気づき」の変遷をポイントごとに紹介していきます。そのうえで、最後は今現在YouTuber（VTuber）として活動するに至った理由や、そこで得た教訓や面白い人たちの話でもして、少しだけ私のことを知ってもらえればと思います。

最初に断っておくと、私はリアルの私を知っている人から「心を病んでいる」「サイコパス」と評される異端者です。もしかしたら異常者が正しいかもしれません。他にも、「あいつは人を見下している」と言われることがありますが……まぁ、これは悪口ではなく事実として受け止めています。ここまで聞いていると私は本当にイタい奴ですが、これが私の社会への適応方法なのでそこはご理解いただければ。

最後にVTuberという属性上、身バレ防止（住所や氏名等、過去の経歴等が明らかになることを防ぐ）ために、一部話の時系列を変えていたりしますが、私が感じたことやお話しすることは基本事実に基づくものです。ぜひ、楽しんでいってください。

「間違っていること」が怖くなくなった小学生時代

どうしてこんな風に育ってしまったのか。

考えに考え抜くと私自身が暗黒と称している小学生時代にたどり着きます。普通、物心というものは小学校高学年くらいからつくそうですが、私は小学校低学年の頃の記憶をはっきりと思い出せます。いや、正確には「嫌だった」記憶がしっかりと脳裏に刻み込まれている、といった感じでしょうか。

そんな私に何があったかというと「いじめ」です。そして不登校も経験しました。先生からも嫌われ、周囲の生徒からも嫌われる大問題児でした。

前作の『人生がクソゲーだと思ったら読む本』でも簡単に触れましたが、タイトルの通り人生がクソゲーで究極の運ゲーだと悟るようになったのは、この時期があったからです。

私はこの時期に植え付けられた劣等感をいまだに克服できていません。人からどのように見られるのか、どうすれば人に良く思われるのか、ずっと考え続けてきた人生でしたし、今もそうです。そういう意味では、うそで他人を魅せる、このVTuberという仕事は私にとって天職である可能性があるわけですが……話を戻して、当時の私はこんな風に考えていました。

「さすがにここまでいじめられるのは私に原因がある」

「不登校の自分は世間からおかしいと思われている」

いじめについては、簡単にいうと学校の先生に嫌われていた（算数の足し算を暗算でやってしまう。教えていない漢字を使う。授業中の「この問題わかる人？」という質問にずっと手を上げ続けるなど）ことが大きな原因でした。

教師が特定の生徒を嫌うようになると、不思議なことに生徒も当該生徒を嫌うようになります。特に私の場合、私をいじめることは半ば担任の先生公認だった気がします。そのため、いじめはエスカレートしていきました。

ただ、ある日またトラブルを起こした際に母親が学校に来て、「もう学校に行かなくていいですからね」と私の腕を引っ張って家に帰してくれました。「ラブストーリーは突然に」ならぬ「不登校は突然に」です。両親も私のいじめ被害や学校との揉め事に疲れ切っていたのでしょう。家に帰った直後は、とても安心した記憶があります。

安心できたのは初日と二日目くらいで後はずっと憂鬱《ゆううつ》でした。不登校を経験していない人にわかりやすく説明すると、夏休みの宿題をせずに迎えた夏休み最終日を毎日繰り返す感じです。毎日、私だけが家にいて、みんなは学校にいる。

自分だけ色々と世界から取り残されたような感じ。そのうち家で優しく接してくる家族やたまに面倒を見に来てくれる祖父母にも申し訳なくなり、自分がいないほうが世界はもっと良くなるのではないかと小学生ながらに真剣に考えました。

毎日本を読んで空想の世界に逃げ込んでも無駄でした。

毎日消えたいと思いながら、でも死ぬことも怖くてどうしようもできない。

そんな曖昧《あいまい》な自分も許せない。

私は間違いを犯している――負の感情がぐるぐる頭の中を駆け巡るものの、そもそも不登校なのは変わらないわけで一向に問題は解決しないわけです。

しかし、考えが変わる出来事が起きます。

母親が買い物で出かけていたとき、私は衝動的に「私はもう死なければならない」という衝動に駆られて台所の包丁を手に取りました。そのとき急に頭が冴えてきたのです。

「僕は全く悪くないのになぜ死ななければならないのか」

死を回避させるための本能なのか。

それとも天啓を授かったのか。

いずれにせよ、私は考えに考えて（当時の日記を見ると人が変わったように文章も変わってしまっています）ひとつの結論を出しました。

「いじめっ子が悪い。いじめを見ないふりする先生も悪い」
「僕が学校に行けないのはおかしい。僕は学校に行かないといけない」
「僕の不登校は間違っている。けど、いじめをする人が学校に行けていじめられた子が学校に行けないことを許している世界はもっと間違っている」

結論は「**僕より世界が間違っている。僕は悪くない**」でした。

幼いし、めちゃくちゃだし、対象を「世界」と拡大させているところとか、本当に今考えると恥ずかしい考え方ですが、当時の私が私自身を納得させるために打ち立てた理屈がこれでした。確かに、入試やスポーツでもルール違反を犯したほうが退場処分となるのに、なぜか現実世界（特に学校だと）だとルール違反の被害を受けた側が退場しなければならないケースもあり、これは非常に理不尽なことです。

ただ、このように一種の開き直りができた私は、いじめと向き合うことをやめました。

逃げたと言ってもよいでしょう。

それは前向きに生きるためには必要な選択でした。このように小学生ながらに悟った私ですが、結局修学旅行にも行かず、教室にも戻らず、卒業式のリハーサルも夜に学校に行って一人で校長先生とやって、形式的に卒業式を終えて小学校生活を終了させます。

中学校は普通に登校できるようになる私ですが、実は解決していなかった問題がありました。私は問題を「開き直り」で無理やりなかったことにしたのですが、実は小学生の時期に植え付けられた劣等感や疎外感を克服できていなかったのです。

「自分が正しい存在であること」にこだわった中学生時代

なんとか中学校には通うことができるようになった私ですが、最初の壁が「腫れ物」のように扱ってくる周囲の雰囲気や態度でした。

具体的には、先生が私に対してだけ必要以上にコミュニケーションを取ってきたり、ずっとその地域に住んでいるはずなのにまるで外国からの転校生が来たみたいな好奇の視線に晒《さら》されたり、思春期真っただなかの私はみんなと同じでいることを望んでいたのにもかかわらず、哀れみを孕《はら》んだ特別扱いに苦しみました。周りから少し浮いているからいじめられたのに、これでは私がどんなに周りに同化しようとしても結局またいじめ悲劇を繰り返してしまうのではないかと真剣に悩みました。

今となれば、周りが気を使ってくれていただけと好意的に解釈できるのですが、未熟な当時の私には無理だったようで、ここでさらに私は拗《こじ》れてしまいます。

当時の私の頭の中には２つの考えがありました。

●周りのほうが間違っている（強すぎる被害的認知）
●他者から攻撃を受けないためには、「自分が正しい」存在でなければならない

小学校が間違っていることを証明するためには、周囲から認められる存在でなければならない。そうしないと不登校を選択した自分が間違っていることになってしまうから。

結果が「**学歴厨（学歴コンプレックス）かなえ**」の誕生でした。

今思うと、本当にヤバすぎるイタい奴ですが、もちろん今この本の原稿を執筆している現在はある程度克服していますので安心してお読みください。

さて、厨二病に盛りだった私は、今でいうと某論破王さんみたいになってしまいます。

暴力で何かを制圧するのではなく、薄っぺらい合理主義者になったつもりで徹底的に相手の非や過ちを追及します。自分より周りが間違っていると、自分と相手で間違いの度合が相手のほうが大きい場合には「自分はこの場において正しいことをしている or 正しいのだ」と本当に痛々しい思い込みをしていました。

本当にめんどくさい奴だと今となっては認識できていますが、中学時代はまさに「正義中毒者」で度々先生や同級生を困らせてきました。もしかしたら、小学生時代の天啓は「助けてくれなかった先生や生徒たちへの恨み」から来ていて、自分はそれくらい言ってもいいと思い込んでいたのかもしれません。

こんな性格だと、嫌われたりいじめられたりすると思うじゃないですか？

しかし、幸いなことにいじめられることはありませんでした。理由は非常に明瞭で私の正義中毒が向かう先がほとんどの場合「理不尽な物言いをした教師」や「中途半端に絡んできた不良」だったからです。また味方につけるべき同級生や気の合う先生とはしっかりと関係を築けていたのと、野球部に所属して勉強係（テスト期間中に部員同士で勉強会をするときに教えたりする係）をして、スクールカースト上位者との関係も比較的良好だったこともあります。あっ……先に言っておくと、私は真面目くんではありませんでした。

勉強ができるだけで世界を獲った気になった勘違い野郎＝私です。

勉強以外にも周りに溶け込むためにファッションにも気を遣っていましたし、テレビの流行りや今も私の特技になっているモノマネ芸も習得するなど、努力をしていました。

ここまで原稿を書いて思ったのが、当時の私は「生き残る」ことに必死だったのかなということでしょうか。

弱いと思われたら負け。

人間は自分より弱いと認識した人間には残酷な仕打ちをすることを知っているからこそ、周りと同化することに躍起になったり、強さの証明として「自分の正しさ」にこだわりを持ってしまったのかもしれません。

結局私を突き動かしていたのは、「被害的認知から来る慢性的な不安感」と「自分の正しさへのこだわり」「いじめられたり、不登校になったりしたら、今度こそ終わるという恐怖」だったのかもしれません。

当時の私のような振る舞いは、中長期的な目線だと私が損をする可能性が高いものですが、たかだか3年しかいない中学校という場では効果を発揮しました。

多くの方にとっては当たり前ないじめのない安心して過ごせる学校生活。しかし、この中学3年間が私を傲慢に変貌《へんぼう》させてしまいました。周囲のサポートや働きを軽視して、自分の能力や努力のおかげだと思うようになってしまったのです。

安心してください。

このピノキオの鼻は高校に進学した直後にバキバキに折られます。

正しい意味で「自分にそれほど価値はない」と思えた高校生・大学生時代

高校は進学校に進学しました。

合格を知って私は、ようやく人生を逆転できたと心から喜びました。あとは一流の大学に行って、一流の商社に入るか医者にでもなろうかと、暗い未来なんて想像もしていませんでした。しかし、入学早々に私は人生で最も深い挫折《ざせつ》を味わいます。

私は高校生活の中で、人生で初めて「劣等生」の烙印《らくいん》を押されることになったのです。

当たり前の話ですが、中学校時代と違って勉強についていけず、得意だったはずの数学で学年最低レベルの順位を記録してしまったときは本当にこの学校に来たことを後悔しました。周りは医師や科学者を目指す秀才ばかり。どんな努力をしても勝てない圧倒的な実力差を試験のたびに見せつけられ、私はどんどん自信を失っていきました。

自分の正しさの根拠が揺らいでしまったのです。

正直小学校時代よりもキツかったかもしれません。私はただ卑屈になっていきました。

私は劣等生。

どうせ周りから見下されている。

どうすればみんなを超えられるのか。

どうしてこんな学校に来てしまったのだろう。

夜な夜なそんなことばかり考えて膨らむ被害妄想。

しかし、そんな私を救ってくれたのが担任の先生やクラスメイトたちでした。あるとき担任教師との面談が実施され、私はてっきり否定の言葉の嵐に遭遇すると思っていたのですが、担任教師からは意外な言葉が飛び出してきたのです。

「最近顔が怖くなっているけどどうしたの？」

てっきり学力が志望校に遠く及ばない現実を辛辣《しんらつ》に指摘されると思っていた私は、冗談っぽく笑いながら核心を突いてきた教師の言葉に驚きを隠せませんでした。

ただ、まだ素直になれなかった私は勉強に集中できないことや周囲と比較して落ちこぼれてしまって困っていることを吐き出せず、ただ単に「嫌味ですか？」と冷たく返してしまいました（なんかもっと言った気もしていますが……）

それでも担任は親身に寄り添って話をしてくれました。

それなりに多く言葉を交わしたと思いますが、その中で特に印象に残っている言葉があります。これが私を良い意味で呪いから解放してくれました。

「君自身が今の君の成長を妨げている。周りじゃなくて自分をみよう」

「まず自分の今を認められないと周りのことも正しく認識できないんじゃない？」

なるほどな……と。

完全に自信を失っているときに、この言葉は私の胸に響きました。もちろんすぐに受け入れられたわけではありません。自分でゆっくりと考えました。

一度、自分の負の感情を噛み殺して、周囲を見渡してみました。

すると、どうでしょう。

別に周りは私のことを見下していませんでした。

冷たい言い方かもしれませんが、周りは私が劣等生であることなんか別に気にしていなかったのです。関西の方言で言えば「ウチはウチ。ヨソはヨソ」の雰囲気で、ある意味ドライだったのですが、それを理解した瞬間に教室の中が心地よい空間になりました。

見下されているという認識も消えていきました。

自分は劣等生である。
こんな学校に来なければよかった。

――これらの想いは、すべて「傲慢な私自身が現実に打ちのめされていた私に設定した問題」だったのです。周りのせいでもなんでもなかったのです。

なんでしたら、1年生の段階で劣等生と私を見なす人は本当にいませんでした。なぜならほとんどのクラスメイトが「自分の学力は志望校合格に届く状態か否か」という点以外に興味を持っていなかった――誰も私の順位なんて興味を持っていなかったのです。

ここで私はようやく劣等生のレッテルを貼っていたのは自分だったことに気づきます。

「まぁ……仕方ない。でも、できることはやろう」

周りばかり見ていて、すっかり軸を失っていた私ですが、それ以降は周りの目を過度に気にすることなく、あくまでも自分を確立させるため自分の今の状態を点検するときに他人と自分を素直に比べようと決意しました。

そして、私は医者になることをやめました。

今思えば、ならなくてよかったです。

昔の私ならば「医者になれない自分なんて……」と思って塞《ふさ》ぎ込んでしまうところでし

たが、医者にならなければならないというのは自分自身の劣等感が生み出したどうでもいいこだわりで、別に医者になれなくとも自分の価値は落ちないと思うようになったのです。むしろ、肩書きが生み出す価値に縋るより、まずは自分自身の価値を発見して自分の適性に合った道を進もうと思えるようになっていきました。弁護士になろうと思ったのも改めて自分の長所や短所について見つめ直したときに、「口がよく回る」という点が浮かんだからです。また「法治国家における法律のスペシャリストって無敵じゃね?」という単純な考えもありました。

まぁ何はともあれ、私は弁護士になろうと思い理系軍団の中から外れて文系の道へ路線変更。もちろん誰も私の選択を馬鹿にしませんでした。

「やりたいことが見つかってよかったね」
「一緒に第一志望目指して頑張ろう」

そこにいたのは、敵ではなく、大切な仲間でした。
敵だという認識は完全に私の誤りだったのです。

私は猛勉強の末、なんとか法学部に進学します。そして、そこで「少年院の先生」という仕事を見つけ、法学部生でありながら社会学、心理学、教育学などの勉強にも励んで「法務教官」という職に就きます。非行少年たちと関わっていく中で、私の内面はさらに成長することになります。おかしいと思う方もいるかもしれませんが、私を最も人間的に成長させてくれたのは、罪を犯して少年院などに収容されることになった非行少年たちでした。彼らとの交流を通じて、私はひとつの考えにたどり着きます。

「人は8割のどうでもいいことに囚われている」と気づいた社会人時代

非行少年の教育や処遇は、少年院などに勤務する法務教官が中心となって行います。非行少年たちの教育はチームプレーで行われ、彼らが罪を犯すに至った問題点を丁寧に探りつつ、そのひとつひとつを各個撃破していくようなイメージです。

非行少年といえども、全員が凶悪犯というわけではありません。貧困に悩まされた末の行動だったり、幼少期の虐待のトラウマを克服できないまま道を踏み外してしまったりなど、同じ罪名でも彼らの背景は様々です。１００人いれば１００通りの接し方があり、法務教官は状況に応じて適切な対応を取らなければならないため、かなりの柔軟性が必要になります。今でこそ私もドヤ顔で教育についてわかっている風な語りをしていますが、実は勤務についた当初は戸惑ってばかりで本当に役立たずな状態でした。

就職前に非行少年の実態についてある程度理解していたのにもかかわらず……です。

●算数レベルのことができない少年
●箸の持ち方やペンの持ち方もままならない少年
●自分の周りには敵しかないと思い込んで攻撃でしか自分の気持ちを表現できない少年

これまで私は「いじめ被害・不登校」や「高校時の挫折」以外は普通の人生を送ってきたつもりでした。しかし、実際に少年院での勤務を通して、私は本当に環境に恵まれていたことを実感できるようになったのです。同時に、彼らにとっての普通と私の人生の普通を比較してはいけない、彼らの人生を否定してはいけないと強く思うようになりました。彼らに対する戸惑いも、無意識下にある彼らに対する「蔑視」の表れなのだと理解したからです。

まずは、相手の話を聞こう。自分の意見は一旦押し殺し、相手の話を肯定的に受け止めるようにします。

すると、非常に興味深い気づきを得ることができました。

「――先生、○○君がウザいです。ムカつきます。殴りたいです」

右のセリフはそこまで珍しくない非行少年の訴えの代表例です。口頭で申告してくるときもあれば、日記などにこっそり書いて気持ちを知らせてくれるパターンもあります。全員とは言いませんが、特に粗暴傾向のある（物や人に対する攻撃性が高い）少年や年少少年（14歳や15歳）は攻撃表現を用いて感情を訴えてくることが多かったように思います。

彼らにとって攻撃とは「話を聞いてもらうための手段」や「ＳＯＳ表現」であることも多く、今回の場合ならば本当に殴りたいわけではなく「殴ってしまいたくなるくらいに腹が立っているからか、胸が苦しいから話を聞いてほしい」という考えの表れなのです。

だって、本当に殴りたいと思っているならば、さっさと殴りに行っているでしょう。

彼らも急に行動で示すほど愚かではありません。

さて、話を戻しましょう。彼らの話を丁寧に聞いてみて気づいたのが「非行少年らの多くがメチャクチャどうでもいいことにこだわってキレている」点です。ここは笑うポイントではないことをあらかじめお伝えしておきますが、彼らにとっては大変重要なことだったりするのです。

例えば、

●作業でうまくいかなかったからイライラした
●運動の時間に筋トレで周りについていけず、馬鹿にされているような気がした
●役割活動で自分の主張や要求が相手に伝わらず、馬鹿にされたと感じた

などなど、本当によくよく考えるとどうでもいいことばかりです。

実際社会に出たら、正直うまくいかないことが多いですし、周囲と比較して自分の体力が劣っていたとしても次に頑張ればいいだけの話です。相手に自分の思いが伝わらないのも、そりゃ相手は自分と違うわけですからうまく伝わらないこともあるでしょうし、世の

中自分の要求ばかりが通るわけでもないはずです。

そんなことでイライラしていたら、本当に人生イライラだらけになってしまいます。また、前後の話を聞くと、「本当にそうなの？　思い込みじゃない？」や「原因は君じゃないか」と言ってしまいたくなる場面も正直多いです。しかし、それは彼らにとって重要な「今」の話であり、それが自分でうまく解決できないため私たちを乱暴に頼っているのです。そんな彼らの状態をわかりやすく説明しますと、受け身がうまく取れず、心の痛みが胸の中に居残っている状態と言えばいいでしょうか。

特に、彼らは「不当に損をさせられていること」や「誰かに悪く見られていること（下に見られていることや馬鹿にされていることなどを指します）」などに敏感です。彼らの一部には少年院の先生を「自分とは対極にいるエリート」と認識して最初から反抗的な者もいます。こちらがそんな意図はなくとも、言葉ひとつ、扱いひとつでかなり被害的な反応を見せることがありますし、その反動で攻撃的態度を教官に見せてくることもあります。

なんで私の話を聞いてくれないのだろうと教官室で一人泣いたこともありました。世間一般の目から見ても「正しい」とされる選択を、どうしてこの子たちは見て見ぬふりをするのだろうと苦しみ、想いが伝わらないやるせなさからの涙でした。

少年院の子どもたちから気づかされた「囚われ」の正体

ここで少し考えてみてください。「どうでもいいことにこだわってキレている人」は本当に彼らだけなのでしょうか？

少年院から社会へ視線を移して視野を広げてみると、意外と多いような気がしました。そして多くの場合、そのどうでもいいことにこだわっているせいで問題が拗れてしまったり、自分で自分を前に進めなくしてしまっていたり……。

人生を振り返ってみると、私自身もそうでした。

いじめ被害に遭い不登校になった小学校時代には、やり直せない過去にこだわって苦しみました。加害者が仮に謝ってきても、担任が責任をとって教師を辞めたところで、私の被害に遭った過去と失われた学校生活は戻ってきません。過去を過去のものとして埋め戻すことなど、本来は不可能。もっと早く問題を解くのをやめれば気持ちも楽になったかもしれない。

中学時代、私は外面の価値を高めることに時間を費やし、驕《おご》り高ぶった中身のない人間になってしまいました。高校時代によい挫折経験を味わって多少マシになりましたが、少年院の先生になったばかりの当時、どうして彼らは私の言うことを聞いてくれないのだろうと憤っていました。

しかし、私も彼らも程度の差はあれど、本来自分で解決しなければならない問題やどうでもいいことに意味をこじつけて、相手に原因帰属してがんじがらめになっていたわけで、こうしたことはよくあることなのです。

どうしてだろう……私はひとつの仮説を出しました。

私たちは本来自分で解決しなければならない問題について、どこか無意識下で他人や社会が勝手に解決してくれることを期待するようになってしまったのではないか。

しかし、他人や社会が勝手に解決してくれることはほぼありません。

なぜなら、私自身の問題の多くは社会や他人にとって「どうでもいいこと」だからです。

しかし私たちは他人の問題はどうでもいいものと切り捨てながら、自分たちの問題のときだけはうっかり期待してしまいます。それが問題になるのです。

勝手に期待して、勝手に裏切られた気になって、勝手に周囲に怒りを向ける。問題が第三者的に見えるのは、最後の「勝手に周囲に怒りを向けている」ときでしょう。しかし、この段階だと当人の胸の中では正当化やこじつけが完了しているので解決させるのは非常に難しい。もちろん、問題が表出しないこともあるでしょうが、そうなると今度は本人が非常につらい思いを一人で抱え込んでしまうことになります。

これは良くないですよね。

そこで大事になってくるのが、何回も話しているテキトーな生き方です。これは周囲に期待するだけでなく、「自分にも周りにも過度な期待を寄せない」という考え方がベースになっており、これは他人を変えようとするよりも自分を変えて解決するほうがラクという私の実体験に基づくものです。

私は少年院で先生をすることができたおかげで他人の不快感情に内包された期待や非難を感知できるようになり、自分で抱えていた過去のしこりも「今となってはどうでもいいこと」で今後も「テキトー」でいいのだと前向きに考えられるようになったのです。

ついつい忘れてしまいがちですが、他人は自分ではありません。

だから思い通りになるはずないのです。

そもそも自分の胸の内の処理すら難しいのに、どうしてそれよりも難しい「相手自身に処理させる」という選択肢に期待してしまうのでしょうね。人間は不思議です。

問題を自分に向けたときに解決できそうにないと自覚した際には、「これは設問に不備があったので正解はない」となかったことにして処理することもおすすめです。つまり、もう問題を気にしないようにするのです。

だから私は〝テキトーな少年院の先生〟を実践するようにしました。テキトーな少年院の先生と聞くとネガティブに捉えられてしまうかもしれませんが、別に不真面目やサボるという悪い意味ではなく、コミュニケーションを通じて適当な問題の切り分けの実践を絶えず行ってきたという意味です。慣れてくると、相手が私に寄せている期待も察知できるようになり、自然と心の通ったコミュニケーションができるようになった気がします。まぁ気がするだけなんですけども……。

私がテキトーな先生を始めてから、少年たちは私の指導を素直に聞いてくれるようになりました。問題の多くを「どうでもいいこと」というフォルダーに収めることができるようになって余裕が出てきたからか、相手の期待を感知して彼らの心の内側に巣食った負の感情に光を当てられるようになったからなのか、理由はわかりませんが間違いなく彼らと共に私も人間的に成長することができました。

もちろん自己責任論的に全て自分の問題であると考えるわけではなく、「俺悪くなくない？」という問題は相手のせいにしました。その上で「でも、相手はどうせわかってくれないなら抱えていてもしょうがないな、捨てちゃおう……ポイッ！」そんなイメージです。

社会を、特にＳＮＳを見ていると本当に世の中には数多くの怒りや不満が漂流していることがわかります。

社会が貧しくなったのか。

怒りという感情が持つ瘴気《しょうき》に当てられてみんな怒りっぽくなったのか。

それとも他に何か原因があるのか。

これについても、次の章で詳しく考えを述べていこうと思いますが、個人的には「科学技術の目覚ましい発達に伴ってあらゆる問題をテクノロジーが解決するようになり、私たちはいつしか自分よりも優れている存在や技術に自分の問題の解決を依存してしまっているようになった」と考えています。その依存には双方向的なコミュニケーションは存在しません。あくまでも片思い的な一方的な期待があるのみです。

やがて私たちは、「本来自分たちの問題じゃないものについても自分の問題として抱えていくようになり、不安や悲しみ、怒りを湧き上がらせる」ようになったのかもしれません。その一方で他人への期待を強くしてしまい、その反動でまた怒りや不安を生み出してしまっているのでしょう。自分でストレスの種を増やし、こんがらがって負のループが止められない。

これは、自分に自信を持てない人が増えたからなのかもしれませんね。

皆さんはどう思いますか？

ちなみに私は世間的に自分が正しいかどうかの自信はないです。ただ、自分の中にあるひとつの筋として、「まず今のところ困ったことはないから問題ない」とは思っています。もしかしたら、私に振り回されている人がいるかもしれませんけど……それは本当に申し訳ないです。

ただ、ひとつだけ間違いなく言えるのは、もしも期待して裏切られたと思ったらその正解は「相手に執着すること」ではなく「相手から離れること」です。あなたが期待したのはその人の本質ではなく、あなたの思考のフィルターを通してチグハグに作り上げられた一面的なその人の理想像であることが多いからです。

人間は常に本性を見せているわけではありません。裸で外に出ないのと同じです。期待するなとも言いません。ただ、期待すればするほど、あなたの思う相手は本来の相手からかけ離れた存在になっていくことを理解したほうがいいという、そんな感じの助言です。

コラム

「俺流☆将来への不安の解消法」

お悩み内容

就職活動を控えた大学生です。

老後2000万円問題や終身雇用の崩壊など私たちの親の時代とは全く社会が変化してしまっている中で、誰を参考に人生を決めればいいのかわかりません。YouTubeのインフルエンサーさんの切り抜きを見ても、頭では理解しても実際に行動する勇気がありません。

何か食っていけるスキルがあるわけでもありません。就活をしていても、この会社で一生やっていけるか自信ないです。「転職して華麗にスキルアップ!」みたいなこともできる自信もないです。多分会社を辞めたらニートになりそうです。

毎日悩んで吐きそうです。将来への不安をどうしても消せません。

回答

「不安を解消したいなら、見通す将来の期間を短くしてみて?」

まず、お悩みに目を通した際に「ちゃんと将来を見通して考えているんだな。この人はすごいな」と素直に感心しました。馬鹿にしているわけではなく、素直に感心しました。私が大学生のときなんて……「まぁ、なんとかなるやろ！」くらいの気持ちでしたから。もしも相談を送ってくれたあなたのように考えることができれば、もっと計画的な人生を送ることができたでしょう。今もそうですけど、かなり行き当たりばったりで生きているので……。

すいません、話を戻しましょう。

最初にあなたに贈りたい言葉があります。

あなたの抱えている不安は大小の差はあれ、今の日本社会を生きている人のほとんどが抱えているものです。だから、まずは安心してください。

ただ、せっかくお悩みを寄せてくれているわけですから、「安心しろ！」で終わるのも味気ないと思ったので、あなたの悩みが少し軽くなる（みんなが抱えている問題で完全に消すことは難しい問題なので）考え方を授けます。

まずは長期目標を立ててみよう。次は中期目標を立ててみよう。最後に短期目標を立ててみよう。今度は今現在の地点から未来に向かって自己イメージを深めてみよう。

この4つです。

無限に広がる青空に不安や恐怖を抱くのは、足元の状況を正しく把握できていないからです。その理屈と同じく、将来に不安を抱くのは目先の「自分自身の分析」や「現在地点から見た少し先の目標」がフワフワしてしまっているからではないでしょうか？

地に足がついていないと、どんなに将来に対してクリアなイメージを持てたとしても消えない不安に苛《さいな》まれることになるはずです。

そもそも老後の問題なんて、正直就活を控えている20代のうちに（20代なのは勝手に想像で話していますけど）考えたところで、どうせ想定通りにはならないと思いますし、考えるだけ無駄に終わることのほうが多いと思います。

あなたのお祖父様やお祖母様が20代だったときに、YouTuberという仕事が誕生することを想定していた人はいないでしょうし、リモートワークや新型コロナウイルス感染症の拡大なんて頭を過《よぎ》ったこともないでしょう。

つまり、そういうことなんです。

どういうことやねん、とツッコまれたような気がしましたが、今のうちから老後の生活について具体的に考えて実行したとしても、どうせ未来は私たちの予想もつかない展開を確実に迎えるから計画が破綻《はたん》する可能性は高いということです。

長期目標も5年先くらいで問題ないと思います。

5年後の自分を想像して未来から現在へ想像を巻き戻し、今現在に戻ってきたら今度は本当に未来に向けてイメージを進められるか検証してみてください。どこかイメージにブレがあれば、そこが深められていないポイントです。

もちろん不測の事態は発生することも想定（リスクを洗って）して、どうやって対処するかも考えられるとなお素晴らしいと思います。

その際に必要なのが、自己分析能力です。

就活でも大切といわれていると思いますが、まずはあなた自身が自分の能力や課題を正確に把握するように努めましょう。

本当に不安を覚えてしまうのはわかります。

ただ、人生は究極の運ゲーですからどうなるかわかりません。

でも、5年先くらいはイメージできる気がしませんか。

就職活動もすごく大変だと思いますが、後悔しないような人生を歩んでほしいと思います。もちろん老後などの将来を見通して今から貯金をするとか、積立ＮＩＳＡするとか、行動に移すのも素晴らしい選択だと思います。

しかし、将来の不安ばっかりに囚われてはいけません。

幸運も危機も突然やってきます。

大切なのは、それらを目の当たりにしたときにどう対応するかです。対応力を鍛えるには地に足のついた想像力が必須です。貴重な大学生活時代に想像力を鍛えて周りと差をつけておくと、将来あなたが危機を迎えたときに判断を助けてくれるかもしれません。

このたびは相談ありがとうございました。

第一志望内定、頑張ってください！

第3章

SNSはテキトーじゃないとリスク大

アホだから「後悔」はない！

私は家族の事情で少年院教官を辞めることになります。そして本当に紆余曲折《うよきょくせつ》を得て、今の仕事である「犯罪学教室のかなえ先生」というVTuberになります。

VTuberになったのは、本当に偶然でした。新型コロナウイルス感染症が世界的に蔓延《まんえん》し、私たちはこれまでの生活様式をイチから改める必要に迫られました。

当時私は営業やＳＮＳマーケティングを学んでいる最中で、在宅時間が増えてYouTubeの試聴時間が全体的に伸びており、アニメーションのアバターを使って情報発信やエンタメ活動を行う「VTuber」という存在に注目していました。

これから話す本音は、すごく怒られるかもしれません。ただ、VTuber文化と邂逅《かいこう》したばかりの私は、生放送でアニメのアバターを被って楽しそうに話したり、ゲームしたり、歌を歌ったりするだけで大金が稼げる新しい職業という認識でした。まぁ……実際にVTuberになると全くそうではないことを痛感するわけですが。

とりあえずやってみよう。

元々配信活動にも興味がありましたし、幸い業界に詳しい配信者の友人やオタクの友人もいましたので、彼らの意見も参考にしつつ、私は配信者になる準備を始めます。

ちなみにデビューについては5人の友人に相談して、4人が「男性が新しくコネもなくやっていくのは大変難しい」などの理由で反対している状態にもかかわらず、私はデビューしてしまいます。理由はすごく単純で、唯一賛成してくれた友人が「VTuberになった姿を見てみたい！」と言ってくれたからです。ちなみに彼は反対していた4人の友人とは違い、リスナー側ではなく現役のVTuberでした。

この業界の酸いも甘いも知っている彼が背中を押してくれるなら——この時期の私はまるで夢を持ち始めた少年だったように思います。うまくいくかどうかわかりません。

VTuberになる……ある種の賭けみたいなものと表現しましょうか。

インターネット活動なんてやったことない私でしたが、なぜか後ろ向きな感情はあまりありませんでした。どうすればこの賭けに勝てるのか、それを考えるのがすごく楽しかった記憶があります。テキトーというか、良い意味で〝アホ〟だったと思います。

そして、２０２０年の9月。

私は「キャラクターコンテンツ」と「情報発信」の両立を目指したVTuberである「犯罪学教室のかなえ先生」としてVTuberデビューを果たします。当時にしてはかなり尖ったコンテンツでしたので受け入れてもらうのに大変時間がかかりましたが、今や登録者は10万です。本当に人生は何があるかわからないものです。応援してくださる視聴者やこの本を手に取ってくれている皆様には心から感謝を申し上げます。〝アホ〟になって始めたこの活動に後悔はありません。

SNSという「悪意」の巣窟

さて、ひっじょ〜〜〜〜〜に長かった前置きはここまでにしましょう。

ほとんどの人はVTuberになった経緯や活躍なんて興味ないはずです。

お伝えしたかったのは、私は新型コロナウイルス感染症の蔓延をきっかけにVTuberになり、ＳＮＳ社会の最前線で人生を賭けた戦いを繰り広げるようになったということです。

先にお伝えしておくと、**人類にＳＮＳは少し早すぎたような気がしています。過激な物言いかもしれませんが、ＳＮＳは情報との距離をグッと縮めてくれた一方で多くの人を不**

幸にしたように思えてならないのです。

匿名性を盾に傍若無人な振る舞いを見せる者。

自分の力を誇示せんと日夜繰り広げられるマウント合戦。

多様性を尊重する社会と逆行した主義主張の異なる相手への攻撃。

インターネットを主戦場とし、日夜ＳＮＳを活用するような生活を送るようになってさまざまな不幸な場面を目撃してきました。今から話すことは悲しいお話です。

言葉は通じても、話は通じない

これはお互い様なところもあるのだろうと理解はしつつも、配信者（VTuber）をしていて思うことです。特に私のような事件や事故、刑務所や少年院に関する話題を取り扱う活動者のあるあるになりますが、こちらの話に聞く耳を持たずとにかく自分の主張だけ押し付けてきて話が全く通じない人が現れます。一部の有名なインフルエンサーさんなどは、そのような人を「低知能」「バカ」「頭の悪いアンチ」等と揶揄《やゆ》してコンテンツの盛り上がりに彼ら彼女らを生かしてしますが、長く活動していると彼ら彼女たちはそんな単純な人たちなのか疑問に思うことも多くなってきました。

個人的な感覚の話になりますが、**実際に少年院などで勤務してきて収容されている犯罪者と呼ばれる人たちよりも、ネット民のほうが怖いと感じることが多いです。もちろん少年院の被収容者は徹底した管理の下に服していますので前提条件は違います。しかし、匿名の陰に隠れて普段抑えている攻撃性が剥き出しの状態になっているネット民は、闇夜に突然背後から襲ってくる暴漢と性質は変わりません。**どうしたものだろうといつも頭を抱えます。

例えば、凶悪な少年事件が発生したとき、少年法の解説を通してこれから被疑者少年がどのような処分を受ける可能性があるのか、少年院や少年刑務所ではどのような教育が行われているのか。これらをだいたい大学の講義1コマ分（90分）使って解説し、最後には質疑応答のコーナーも設けています。問題となるのがこの質問コーナーです。

「犯罪者なんて死刑でいいだろ！」

「少年院なんて甘すぎる！　刑務所に入れるべきだ！」

私は最初このような投稿を見て、実際の犯罪被害者の方からの投稿だと思っていました。

理由は簡単です。解説を理解する以前に感情の問題として制度自体に納得できないという状態が発生するのは、実際の犯罪被害に遭って未だに心的なショックや被害から回復できていない人に多いことを知っていたからです。

職務上加害者側と接する機会の多い少年院教官や刑務官も研修や講演等で犯罪被害者や遺族の方と交流する機会があります。そして、その多くの被害者や遺族は複雑な胸の内を抱え、今もなお被害に遭った過去に苦しんでいることが多いことは知っていました。

しかし、私の問いに彼らは首を横に振るのです。

「被害者が納得しない！　犯罪者は社会に必要ない！」
「加害者にしっかり罰を与えないと治安は悪化の一途を辿る！」

えっ、そこまでおっしゃるあなたは、直接の被害者なのですか？

改めて質問しても、彼らは解説を妨害するようにコメントを連投しています。

最後には私を加害者側とみなして殺害予告まで送ってくる始末……。結構過激ですよね。

読者の方も、私が極端な例を持ち出しているように感じた人もいるでしょう。しかし、これは全く珍しくありません。なんだったらここは、普通にゲーム配信だけをしている人に対しても殺害予告や誹謗中傷《ひぼうちゅうしょう》、ストーカー等の嫌がらせをする人が現れる世界です。

ちなみに殺害予告については、もう慣れてしまいました。悲しい話ですが。

別に私は自身の解説配信で制度に納得してくれとは思っていません。しかし、批判や意見をする前に一度私の話を聞いてほしいなと思ってしまいます。まぁ別にここで見ず知らずの相手にこだわるほど無意味なことはないのですが、彼ら彼女らの思考プロセスや投稿に至る背景を考えることは十分犯罪学の領域です。

おっと、今回は難しい話はしない約束でした。申し訳ありません。

しかし、「ＳＮＳ疲れ」「デジタルデトックス」等のワードの流行を見るに、声を上げない人が多いだけでインターネットやＳＮＳに疲れを覚えている人は多そうです。

飛躍した論理。
持続する怒り。
少ない語彙《ごい》。
強すぎる被害者意識。

どこからともなく現れて文字に変えて言葉を吐き捨てていく彼らは不気味な存在です。しかし、彼らのような人間とオンライン上で対峙する機会が増え、非常に興味深い彼らの共通点が見えてきました。「致命的なほどに情報の分別が苦手」ということです。別に馬鹿にしているわけではありません。単純に「事実と仮定」「主観と客観」の分別が苦手で曖昧なまま情報処理を無理に行おうとした結果、第三者的に見た事実と異なる認識が生まれてしまい、そこがストレスになっている状態です。

しかもややこしいことに、このように情報の分別が苦手な人の特徴として、「情報処理の過程において過度に自身の感情を優先してしまう」という傾向があります。これにより第三者的に見た正確な真実も自身の感情に沿わない場合には、そこで情報処理が引っかかり、感情に沿うような新しい認知が生まれて情報を補強してしまうのです。つまり、客観的に正しいことや変えられない制度についても、感情的に受け入れられない場合には論理的思考を放棄して、新しい事実や認知で埋め合わせをしてしまうのです。

情報処理が苦手な人は、客観的な真実と異なる受け止めや認知を抱えても、自身の認知や事実を疑わないことが多いのです。いや、むしろ暴走していってしまう。周囲と意見や

捉え方が異なっていることにストレスを感じつつ、自分の主張の正しさや根拠を探るわけですが、彼らの多くは情報の分別が苦手なのでネットなどで自分の主張や感情に沿う投稿を見て、それを根拠にします。私はこれを思想の借りパクと表現します。誰かが口にしたそれっぽい理屈で継ぎ剥ぎの理論武装し、最後は感情や道理でコーティング——これで完成です。陰謀論や極端な思考にハマる人にも多そうですよね。

もちろんこんな単純な話ではないこともあるでしょう。

攻撃的な彼らは加害の正当化に「被害」「被害者」を持ち出してくることがあるのですが、実は彼らの多くは相手を傷つけている意識がなく、むしろ正当な主張や権利であると思い込んでいることも特徴のひとつとして挙げられます。

ここで少し昨今話題になっているオンライン上の誹謗中傷問題に焦点を絞って話をしてみます。大丈夫ですよ、専門用語とか難しい話は一切持ち出しませんから。

「誹謗中傷している人」の正体は？

まず、あまり語られない誹謗中傷を受けた被害者側の視点で話しましょう。

ネット活動をして誹謗中傷に関する悩みを吐露すると、心ない人から「誹謗中傷をいちいち気にするなんてネット活動者に向いていない」という言葉をもらうことがあります。確かに一理あるような意見ですが、そもそもリアル社会で相手に直接言えないような汚い言葉を匿名の陰に隠れてぶつけてくるような相手のほうが「インターネットに向いていない」わけで、ネットで活動する人は一般人よりも誹謗中傷に耐えなければならないという不文律が存在していい理由はどこにもありません。

オンライン上の誹謗中傷の本当の怖さは、相手が全くわからないことです。

友人なのかもしれないし、見ず知らずの人間かもしれない。

相手の目的も、どうしてそんなことをしているのかも多くの場合は不明です。

冷静に考えてみて、自分が誰かから悪意を持たれていると思うと怖いですよね？　投稿だけで終わるのであればいいのですが、もしかしたら本当に襲われるかもしれない。

有名になればなるほどファンも増える一方で、残念なことに何かしらの理由で誹謗中傷や悪口を送ってくる人も増えていきます。誹謗中傷している人からすれば、自分ひとりだけのつもりでも受け手からすると一気に数十人から送られてくるわけで、その恐怖たるや筆舌に尽くし難いものがあるでしょう。

また直接送ってこなくとも、社会的評価を下げる投稿や悪質なデマが存在しているだけで仕事に影響を及ぼす可能性があり、苦痛の程度は直接送られてくるのと比べても変わりはないと思います。いや、相手がわからない分、もっと苦痛かもしれません。

そんな被害者の恐怖感の吐露を「気にするな」と切り捨てる人は、相当無神経な人か、痛みを知らない人なのでしょう。別にお前も誹謗中傷を受けて苦しめばいいとまでは思いませんが、この本を読んで少しでも被害者側の意見も頭に入れてほしいと思います。

さて、今度は加害者の視点です。

ここで絶対に忘れてはならない事件について少し触れようと思います。テレビ番組での言動を巡り、ＳＮＳ上で相次いで中傷され、２０２０年5月に自死したあの方の事件です。あの事件はこれまで複雑だった発信者情報開示手続き制度の改正や、名誉毀損や侮辱罪が厳罰化されるなど社会に与えた影響は凄《すさ》まじいものでした。また、この事件をきっかけに改めてネット誹謗中傷に関する議論も国民レベルで進んだような気がします。

しかし、あれだけ問題になってもいまだにネット誹謗中傷や殺害予告が存在している現状があります。非常に悲しいことです。他方で、悪質な誹謗中傷には開示請求に踏み切る方達も増え、高額な損害賠償請求がされたケースも出ています。

さて、ここでひとつの疑問です。

どうして誹謗中傷は減らないのか？

その解決につながるヒントとなりそうな記事を紹介させていただきます。２０２２年の３月に弁護士ドットコムさんが公表した調査結果に関する『誹謗中傷加害者の５割超「正当な批判・論評と思った」弁護士ドットコムが調査』という記事です。

弁護士ドットコム一般会員１３３５人を対象としたアンケートの結果ということを頭に入れておく必要はありますが、誹謗中傷を行った動機について「正当な批判・論評だと思った」と回答した人が最も多く（51・1％）という結果になっています。そして、「イライラする感情の発散」（34・1％）、「誹謗中傷の相手方に対する嫌がらせ」（22・7％）、「虚偽または真偽不明の情報を真実だと思いこみ投稿した」（9・1％）と続きました。

つまり、**そもそもネット上で誹謗中傷をしている人の多くは、自らの行為を「加害」**

「攻撃」とは思っておらず、「正当な批評や評論」だと思い込んでいる可能性が高いということです。わかりやすく言えば、正義感を纏《まと》った怒りが彼ら彼女らを誹謗中傷の投稿へと駆り立ててしまう可能性があるということです。

むしろ、自分たちのほうが被害者と思っているかも……。

自分と異なる主義主張を見かけたときに。

自分の常識と異なる言動を見たときに。

リアル社会の場面ならば、そっと距離をとって離れるなどする人が多いと思います。しかしオンライン上になると、どうしても一言言わないと気が済まない人が現れてしまいます。本来どうでもいい相手のことにどうしてそこまで執着してしまうのか、私はネット活動を続けていくうちにひとつの仮説を導きました。

●自分に自信のない不安傾向が強い人が
●自分の感情と相容れない投稿や言動を目にしたときに
●傷つけられた感or不安感が増大し
●それをかき消すために、相手を否定することにこだわってしまう

「漠然とした不安」が分別を鈍らせる

さて話を戻しましょう。

不安傾向の強い人の多くは、外部の刺激に敏感で些《さ》細《さい》なことにもストレスを感じる傾向があります。わかりやすく表現すると、「どんなことも気にしがち」ということです。

警戒心が高いことは生きる上で有利に働くこともありますが、それが強いということはなんでも自分事として受け止めてしまったり、過度にネガティブに受け止めてしまって余計なストレスを抱えてしまったりする点で、「情報の分別が下手」ともいえるでしょう。もちろん過去の経験や生育歴などの影響を考慮することも必要ですが、不安傾向の強さがネガティブに作用することは多いです。

特に生活が困窮しているときや孤立感や疎外感など、何もしていなくとも社会や周囲から傷つけられているように感じると心に余裕が持てず思考の視野が狭くなってしまいます。

視野が狭くなると、想像力も乏しくなるものです。

自身の攻撃的な投稿がどのようなリスクを生じさせるのか、そこも見えなくなってしまいますし、相手が炎上している場合など周りの様子を見て危険予測が甘くなり安易に便乗して訴えられてしまうケースも実際に存在します。

すぐに怒鳴ってキレる人も似たような感じです。

自分の思いが伝わらないことに怒っているのではなく、パニックを起こしてしまっているだけと考えるとどうでしょうか。

相手を正当に説得する語彙も論理的思考も持たず、感情に囚われて事実を曲解し、自分が否定されないために相手を正そうと威圧するような態度をとってしまう。周りからみると、明らかに怒鳴るほうがおかしいのですが、当人からすると相手に「怒らせられた」「相手の主張を打ち砕かなければならない」と必死になっているからこそ、声を荒げてしまったり、手が出てしまったりすることがあるのです。

ここまでいかなくとも、日々不安や苦悩にまみれ、自分でもいっぱいいっぱいになっているときに、感情的に相容れない投稿や言動を見てしまったとしましょう。

まるで相手が自分に向かって加害してきたかのように感じたり、自分自身や考えなどが否定されそうな不安感に襲われたりして、自分の心を守るために相手に攻撃的な態度や反応を見せてしまうのです。

これ以上溜め込めるキャパシティのない人の心からついに怒りが外へこぼれ出てしまった……その瞬間に発生するのが「キレる」という現象です。いつ怒りが溢れ出るのか本人も周囲もわからないため、当人は自然と孤立していくようになります。

「自分は自分、他人は他人」という一般的な考え方を実践することができていれば、おそらく見ず知らずの他人の言動や投稿にいちいちカリカリせずにいられたのでしょうが、本人の頭の中では「この人に傷つけられた（不安にさせられた）」となっているので、自身の被害回復のために「相手を否定しよう」と躍起になります。最初は相手への非難だったのが、やがて「相手を否定する」ことへと目的が移り変わってしまうパターンですね。こうなると、もう誹謗中傷を止めることは難しい状態です。インターネットでは「粘着」と呼ばれる行為へと移行してしまいます。最初は相手への非難のつもりで、相手が反応を示さないことにより怒りがさらに増大し、相手に反応してもらうためにより過激になってしまう。自分が正しいことを理解させるために、相手を徹底的に否定しようとして、相手の粗を探そうとする。

しかし、情報の分別が苦手な人がそれをするとどうなるでしょうか。

まともな反論や批評が難しいことは想像できますよね。

ですから、自分の中で勝手に情報の連想ゲームを始めてしまうのです。しかも頭の中の事実が感情に侵食されて被害的に変容していくので、もちろん第三者からみると「論理が飛躍」しているように感じられて相手にされません。しかし、誰からも相手にされないせいで誰にも止めてもらえないため、連想ゲームは最悪な方向に加速してしまうのです。

実際、私も少なからずアンチと呼ばれる人に粘着されていますが、話の前後の文脈を無視して「悪く解釈できる」ように切り抜いて批判的な投稿を続けてきます。客観的にみればば、どう考えても違和感の覚える解釈を披露しているわけで、ほとんど相手にしていないのですけど、本人は徐々にエスカレートしてしまう。

どこまでエスカレートするかな～と興味深く見守っているところですが、厄介なのは本人の中では正しく批評できていると思い込んでいるところです。まさに自分こそが正しいと信じきっているわけですよね。非常に滑稽ですが、興味深いことです。

どうしてこうなってしまったのか。きっかけは単純です。「私の考え」が当人にとっては受け入れ難いものだったというものでした。

人間生きていれば考えの合わない人のひとりやふたりとは出会うでしょう。それを理解しているならば、考えの合わない相手とは距離を取ることを選択すればよいだけです。接近したところで相手の考えはそんな簡単には変えられませんし、自分の考えも変わらないならば自分が去るべきです。それは自分の心の平穏を守ることにもつながります。

しかし、それができない。

怒りに任せて接近し、粘着してしまう。

理由は簡単です。

相手に間違っていることを認めさせないと、相手が間違っていることを周囲に理解してもらえないと、正しいはずの自分が間違っていると思われてしまう。自分とは異なる考えを持つ相手の支持が広がってしまう。それを阻止したい。ある種の歪んだ使命感や正義感がそうさせるのです。

しかし、執拗《しつよう》な誹謗中傷の投稿を繰り返す人の多くは、開示請求してみると案外「普通の人」だったりします。主婦だったり、会社員だったり、もちろんなかには生活保護受給者、精神疾患などの事情があって生活の余裕を見失っている人もいますが、多くは自分の投稿が誹謗中傷に該当すると考えて投稿はしていないのです。

これは先ほど取り上げた弁護士ドットコムさんの調査結果と合致し、本当に加害している意識はないのかもしれません。

もちろん、正当な批評は「表現の自由の保護」の観点から認められる必要はあるでしょう。

ただ、多様性の尊重が社会的に重要視されるようになった昨今、自分と異なる考えを持つ相手の存在を認めることができない人がどんな正義を語ろうとも全て詭弁《きべん》です。相手を否定することに固執する姿は誰からも理解を得られないでしょうね。

よく考えてみると、相手に固執してしまうのは自分の問題です。

その原因を相手に押し付けて解決を要求しても、相手からすると意味不明ですし、相手にしてもらえないため解決することもないでしょう。

まさにこれこそ、どうでもいいこと（相手の考え）に無理やり意味をこじつけてがんじがらめになってしまう不幸な状態です。

「まぁそういう考えの人もいるよな。どうでもいいや」

と問題を正しく分別できるようになると、快適なインターネットライフを送ることができるでしょう。難しいと思った人は次の2つから実践してみてください。

●合わない人がいたら離れる。揉めに行ったら自分の負け

●相手の考えを変えることは難しい。無駄なことに自分の時間を使わない

これは現実社会でも実践できそうですよね。

広く浅くつながることのできるオンライン上ならば、もっと気軽に「ブロック」して自分の視界に入れないようにすればいいと思います。どこの誰かもわからない相手に時間や力を消耗するなんて、備えもなく幽霊と戦うようなものです。

相手が執拗に攻撃してくる場合も同様です。基本は相手にしない。

しかし、度を超す場合には、開示請求や裁判に向けて動いてみるのもいいでしょう。私もガンガンやっています。

卑怯《ひきょう》者の化けの皮を剝ぐのはすごく楽しいですよ、ここだけの話ですが。

他人より自分が大事な人へ

さて、次は何もしていなくとも傷つけられるようになった社会について話しましょう。

なんだかんだ言いましたが、インターネットやＳＮＳの問題で疲れちゃうのは、誹謗中

傷だけではありません。多様性の尊重が重要視されている社会においては、さまざまな価値観や新しい考えが広がり、個々人の正しさまでが揺らぐような社会になりました。これは自分の軸を持たないと、生きづらい社会になったということです。

他方で、我々の生きる社会は進歩を続け、社会を支える各システムの合理化も加速していくようになりました。それまで人の手で行われていた作業や仕事はＡＩや機械に取って代わられ、求められる人間の能力値や技能の質も徐々に高まっていくようになりました。

しかし、人間自体はそんな簡単に進化しないため、結局は自分の望む仕事に就くにも望む生活を送るにも、情報や機会に簡単に辿り着けるかどうかの競争になってしまいます。

その結果、生まれるのは「勝者」と「敗者」です。

ＳＮＳやインターネットのおかげで広く浅く情報が手に入るようになったものの、反対に勝者や敗者がはっきりと可視化されてより身近な存在になってしまいました。

興味深いのは多様性を尊重しようとする社会が、システムの合理化を進めている点です。

多様性の尊重には個別的な対応を含むさまざまなコストがかかります。雑な表現になりますが、全ての人間が人間として尊重される（誰も社会から排除されない）社会を作ると考えるとめちゃくちゃ時間も費用もかかりそうなのはわかりますよね？　理念としては理解できても、実際に私たちが負担する側になると……みたいな人もいるでしょう。

反対に社会システムの合理化が進んだ社会とはどうでしょうか？

合理化とは無駄をなくすことをいいます。極端なことをいうと、合理化の進んだ社会において競争に敗れた人や社会的弱者を支えるのは「無駄なコスト」と認識されうる危険性があるのです。もちろん、社会システムの合理化を進めたとしても、人間がさまざまな不合理な判断と行動をとることは多くの社会実験により検証されていますが、成功の価値がインフレしオンライン上で尊敬を集めることになった「合理的な考えを持つ勝者」が「強者」の視点で弱者や敗者を傷つける場面も多く見られるようになりました。

ある日、ツイッター（当時）で「手取り14万円の給料しかない。日本終わっている」旨の投稿がバズっていたときのことです。その投稿には深い同情や同じような苦しみを抱える方からの共感のコメントで溢れており、私自身も投稿者はツイートという形で現状のつらさを吐露したのだろうと受け止めて、ソッとしておくことにしました。

誰だってつらいことが起きたとき、誰かに聞いてもらいたいと思うじゃないですか？この場合の最適解は、解決策を提示するのではなく、つらさや苦しみに共感することです。

しかしそこに、バズった投稿に関するネット記事を引用する形で「終わっているのはお前」という火力高めのコメントをインフルエンサーさんが投稿してしまいます。もちろん、この投稿は瞬く間に炎上状態へ。同時にさまざまな立場から「正論」が飛び交い、ネット上で大きな議論の的になります。

社会的強者からの突き放すような物言いに、傷ついた人も多かったでしょう。そしてさっき話したように相手を否定せんと躍起になってしまった人もいたかもしれません。実際、当該インフルエンサーさんのもとにはかなり攻撃的なコメントが投稿されていました。まぁ……正しい意味での炎上商法なので彼らは気にしていないかもしれませんが。

しかし、私が話したいのは別の話です。私にとって他人の手取りが14万円で日本が終わっているのか、投稿主が終わっているのかはどうでもいい問題なのです。

大切なのは、**多様性の尊重と画一的な合理化を推し進める社会の狭間の中に落とされて苦しんでいる無辜《むこ》なるネット民が突然意味もなく傷つけられることがあるということ。何もしていなくても、平穏に生きていたくても、感情が乱されてしまうのがインターネットやSNSだ**ということを言いたいのです。

真偽不明な情報に感情をいたずらに弄《もてあそ》ばれてしまうことはもはや皆さん日常茶飯事にな

っているように思いますが、そこに疲れを覚えている人も多いのではないでしょうか？

しかし、離れられない。私たちは疲れることを頭のどこかで理解しているものの、生活の一部として組み込まれたインターネットやＳＮＳが提供する情報に触れていないことに恐れを抱くようになってしまったからです。

もしかしたら、どうでもいいことや知らなくてもよかった話もあるかもしれません。そうなると、この超情報化社会においては、実はインプットの量を減らす能力と定期的に頭の中を断捨離する余裕が大事であることがわかると思います。

どんな高性能なパソコンだってデータを整理しないといつしかパンクします。

しかし、私たち人間は自分たちの脳の容量がパンクしていることにも気づかず、無理に情報を摂取しようとして流れてくる情報が内包する感情や意図に敏感になりすぎているのかも……。多忙に紛れて、ついついインプットすることに囚われていると、頭も疲労困憊《ひろうこんぱい》してしまいます。

インターネット疲れやＳＮＳで心が乱されることが多い人は、「情報やネットから離れる」ことも実践してほしいです。断捨離の基準はこれまで話した通り、本当に自分にとって大切なことなのか、どうでもいいことなのか、それだけでいいと思います。

どうでもいいことにこだわって時間を消費することほど、無駄なことはありません。見ず知らずの人が見ず知らずの人と喧嘩していても、どうだっていいじゃないですか。

事件や不祥事に関してインターネットの情報やＳＮＳの投稿にいちいち感情的になって憶測を広げて何もわからないならば、判決や調査報告書が出るまで静観すればいいわけです。感情が揺さぶられるたびに疲れを覚えて、回復するまもなく自ら疲れるようなことに首を突っ込んで大切な自分の時間や体力を使う必要なんてありません。

何者にもなれなくて何者かになろうとあがいてVTuberをやっている私が言うのもなんですが、全てのツールは自分の生活や心を豊かにするために存在していることを、改めて認識し直さなければいけない時期に来ているのかもしれません。

自分を弱者側に置いて、強者を「弱者の理屈」で非難しても生きている理屈が違うわけですから言葉が通じても話が通じるわけがないのです。その逆も同じ。

視野が狭くなってしまうと、物事を全て単純化して解釈するようになってしまいますが、本来、あらゆる事象には複雑に絡み合った背景などが存在しているため、単純化できない問題であることが多いです。重要な構成部分が削ぎ落とされて単純化された話を聞いて憤っても、本当の問題は解決されないでしょう。

「こんな奴はバカだ」「敗者の特徴は○○だ」「成功する方法／失敗しない方法」

そんなもので世の中の問題が解決するならば、多くの社会問題はとっくに解決しているはずです。解決しないのは、そんな単純な問題ではないからです。

だからこそ、求められるのが「テキトーな生き方や思考」です。

わからないことは自分で調べて判断する。意見や主義主張の違いにはこだわらない。

関わる必要のない情報や話には関わらないでスルーする。

氾濫《はんらん》する情報とどう付き合っていくのか、現実社会ではなかなか磨けないスキルがここではますます重要になってきていることを頭に入れておくべきでしょう。

コラム

「俺流☆イライラが止まらない時の応急処置術」

お悩み内容

私は今、生活保護を受けている40代男です。

最近イライラすることが多いです。30歳のときに精神の不調で当時勤めていた会社を辞めて以降ずっとほとんど引きこもりの状態になり、そこから生活保護を受給して生産性のない日々を送っています。テレビを見ていると、暗いニュースばかりです。

気分が悪くなるので最近はYouTubeなどを中心に視聴するようになりました。しかし、そこでも「生活保護受給者へのバッシング」や無職の人のことを「無敵の人」と嘲笑《あざわら》ったりする上級国民の切り抜き動画が流れたりして、ついカッとなって過激なコメントをしてしまいます。でも相手もそんな私をバカにしているのでしょう。

何もしていないのに社会に傷つけられた気分になります。

回答

「本当の愚者とは、主語を大きくし、物事を単純化して捉えて本質を見失う者」

まずは、相談ありがとうございます。

私に相談するのにも勇気がいることだったでしょう。最初にお悩みを送ってくれた勇気に敬意を表したいと思います。皮肉でも嫌味でもなく、純粋に言葉のままの意味に受け取ってくださいね。

さて、あなたがイライラしているほうの意見については正直気にする必要はないと思います。ただし、この正論は今のイライラが止まらないあなたにとっては火に油となってしまうことでしょう。もしも、私があなたと同じ状況ならば今頃キレていると思います。

無視できないから、動画を視聴してイライラしてしまうわけです。そんな人に気にするなというほうがおかしいのです。

今回はイライラが止まらないということですが、その根源はあなた自身が今の自分を苦しめている原因をうまく言語化できていないからでしょう。テレビを見ても暗い気分になり、YouTubeを見ても投稿主の発信に納得できずイライラしてしまう。

まさに負の感情に囚われていると評していい状態ですね。その原因としては、自身の感じる被害経験が多すぎてどこに解決を求めていいのかわからなくなっている可能性があります。被害経験の多さや被害認知の強さのせいで、加害してくる人の対象が勝手に拡大してしまうような——長期間のいじめを受けていた子どもがいじめっ子以外にも助けてくれなかった周囲や学校にまで恨みを抱えてしまうのに似ているかもしれません（傍観者も同罪という考えも理解できますが、いじめの実行犯はあくまでもいじめっ子ですよね）。

あなたの相談文にある「何もしていないのに社会に傷つけられた気分になります」がまさに被害認知が拡大してしまっている証拠でしょう。しかし、今のままの状態はあまりよろしくないですよね。あなたもそれを理解しているから相談を送ってきてくれたのでしょうけど、どうすれば解決するか、あなたも薄々わかっているのではないですか？

生活保護バッシングにイライラするのも、生活保護受給者であるあなたは自分の悪口を言われているように感じたからでしょう。無職の人を無敵の人と呼んで嘲笑っているような切り抜き動画にイライラするのも同じ。自分のことを勝手に決めつけられた気分になったから。

解決するために必要な行動は次の3つのどれかです。

①イライラする現場から積極的に離れる。

②生活環境を変えて気持ちの余裕を取り戻す。

③ストレスを軽減する考え方を身につける。

しかし、①はそれができるならばとっくにやっているでしょう。②についても精神的不調によって働けない状態ならば、すぐに環境を変えて気持ちにゆとりを持たせるのも難しいでしょうね。

ならば、③しかありません。

あなた自身の考えを変えろと言われて「なんでだよ！」と思ったかもしれませんが、実際にＳＮＳ上で言い放った相手は傷ついたあなたのことなんか眼中にないはず。そんな相手に今から認識を改めろと言ったとしても、「弱者乙ｗ」と笑われて動画のネタにされるのがオチです。

相手を変えられないなら、自分を変えるしかない。

実は相手を変えるより、自分を変えるほうがラクだったりするので、僭越《せんえつ》ながらあなたが目指すべき考え方をひとつ提案させていただこうと思います。

「本当の愚者とは、主語を大きくし、物事を単純化して捉えて本質を見失う者」です。

そもそも、生活保護を笑う人や無職であることを馬鹿にする人は、実際に生活保護を受給していたり、現在進行形で仕事がなかったりするわけではありません。

つまり、知らないことをわかったように話しているだけなのです。

よくわからないことだから、主語を大きくして、物事を単純化して、面白おかしく伝えているだけで、それは識者ヅラしている彼らの無知のカモフラージュといえます。

彼らに乗っかって茶化している人たちも同じです。経験したこともないのにネットかどこかで聞きかじってきたような知識を得意気になって大きな声で話しているだけ。

しかし、あなたは違いますよね。

実際に生活保護を受給して生きている。

だからこそ、彼らよりも生活保護制度の実際の運用だったり、受給者の実情だったりなど知っていることは多いはずです。わかりやすく説明すると、「バカが何か言っている」と思えるようになれば、きっとあなたの気分も多少はラクになるでしょう。

そもそも生活保護は国が認めている制度ですから、受給していることを恥ずかしいと思わなくていいのです。もちろん、いつか自立したいと思っているからこそ、恥ずかしいとかなんか後ろめたいと思っているのかもしれませんが、正直、普通に生きてて誰が生活保護受けていようが、自分の生活に直接関わるわけではありませんから気にしている人は少ないと思います。それくらい良くも悪くもどうでもいいことなのです。

もしも、生活保護の受給に敏感な人がいたとしたら、もしかするとその人も追い詰められていて自分が安心して叩ける相手を探しているだけなのかも……？

生活に余裕がないときって、本当に小さなことでもイライラしてしまいますし、誰かに鬱憤《うっぷん》をぶつけてしまいたくなりますよね。ネットで弱者叩きをしている人もお金は持っているかもしれませんが、実は寂しかったりするのかもしれません。だって、本当の意味で豊かな生活ができているなら、いちいち見ず知らずの相手のことなんて気にしませんもの。

一方で、今回の相談の回答はあなたにも言えることです。

傷ついた経験を重ねてきて、被害認知が拡大していませんか？

自分がより被害者になるために加害者を大きくしていませんか？

余裕がなくなって物事を単純化して捉えてしまっていませんか？

個人的には、精神科などを受診して私に相談してくれた内容をそのまま伝えてほしいと思います（もうつながっていたらすいません）。まずは悩みを言えただけでも第一歩ですし、自分を変えたいという強い意思は感じ取れました。

このアドバイスも参考に、ぜひイライラの少ない生活を取り戻してほしいと思います。

第4章

テキトーな人は愛される

「人生は運ゲー」を受け入れる

突然ですが、皆様は「人生とは何か」という問いに触れたことはありますか？

私の答えは「自由度と画面解像度の高い、バグだらけの究極の運まかせゲーム（運ゲー）」というものです。仮にこんなゲームが実際に発売されたら、瞬く間に販売サイトのレビューは「クソゲーだ」「ゴミ」と酷評が並ぶようになって大炎上状態になるでしょう。スタート地点である「家庭」すらも選べない。初期能力もバラバラ。最悪デバフ（ゲーム内においてキャラクターの能力を弱体化させること、または弱体化させる効果）まで付いている。

スタートからしばらくは何もできないため、自分を育ててくれる養育者の態度や養育環境も大切になってきます。余裕のある家庭に生まれれば人生自体の難易度も比較的イージーモードになる可能性が高くなる一方で、虐待家庭や極貧家庭の下に生まれると一転してハードモードになってしまう。

最近はこれに気づいた人も多くなったのか、「親ガチャ」や「反出生主義」などの言葉も当たり前のようにネットで目にするようになりましたし、メディアにも取り上げられるようになっていますが、生きているだけで憂鬱な気分に襲われている人が多くなったのでしょう。多様な価値観や高度に発達していく社会に取り残されているような孤独感を覚えて相談にやってくる方も多いです。

しかし、ここで考えてほしいのは、「ちゃんとしよう」「迷惑をかけないように生きよう」「完璧になろう」とすることが、本当にこの世界で可能なのかどうかについてです。

世界自体がデタラメです。

そして人間自身もデタラメです。

どんなに合理的に生きようとしている人でも、感情や囚われに惑わされて不合理な選択を選んでしまうことがあります。政治も全ての人に幸福を提供するわけではありません。

善人ぶって裏でとんでもないことをやっている人もいます。

刑務所に行くことになるかもしれないのに犯罪を犯す人もいます。

周りを見てみると、程度の差はあれ大多数の人は「まともなフリ」「普通の人のフリ」「善人のフリ」など見られたい人間像や周囲から期待されている役割に沿った仮面を使い分けながら、デタラメに生きているのです。それが自分にとって都合がいいからです。浅く広く人とつながることも容易になった現代には、自分と異なる立場や考え、バックグラウンドを持つ人と触れ合うことも多くなり、余計にストレスを感じる場面も多いのではないでしょうか。自分の考えが少数派だと何となく生きづらい感じもしますよね。

さて、ここで少し最初の問いに戻ります。

「人生は運ゲーで、そしてクソゲーである」

こんな風に人生を簡単に片付けられてしまったら、これまでの自分の努力や結果も否定されたような気分になってしまう方もいるのではないでしょうか。

もしも気分を害した方がいらっしゃったら申し訳ございません。

運ゲーだから諦めろという突き放すメッセージではなく、失敗したり絶望することがあって現実を受け止めきれなくなったときに「これは運ゲーだから」と形だけでも結論を出してモヤモヤを解消してほしいという思いと、成功したときも「これは運がよかったから」と自分を過信せず、驕らず、謙虚に結果を受け止めることの大切さを話したかっただけです。まぁ、言い訳はここまでにしましょう。

では、そんな「運ゲーな人生」に価値はあるのか。

こんな問いが投げられそうですよね。

そもそも「テキトーに生きろ」とか言って、実は運ゲーとか意味わからないですよね。

結論から話すと、人生それ自体に他人から見た価値はないように考えています。価値がないという言葉だけ見ると、めちゃくちゃキツい表現に見えたかもしれませんね。

では、こう考えてみてください。

「あなたから見て、私・犯罪学教室のかなえ先生の人生に価値を見出だせますか？」

優しい方なら、「あなたの人生には価値がありますよ」と言ってくれるかもしれません。

しかし、原理的に考えて、人生はひとりひとつです。他人の人生を全て自分の人生にしようというのは不可能ですし、そうであるならば自分のものにできない他人の人生そのものに価値はないですよね。いや、そもそも他人の人生の価値を第三者が測ることなんて不可能と言ったほうが正しいかもしれません。

一方で、私の人生は私にとって価値があるものなのか。

皆さんも自分自身のことに置き換えて、胸に手を当てて、少し考えてみてください。

多くの人にとって大小の程度はありますが、自分の人生は自分にとって価値あるものでしょう。全くの白紙のところから生まれて、生の営みを育みながら自分独自の色を塗っていくわけです。そしてでき上がる作品は、まさに唯一無二の存在と言ってもいいものになります。あとはそれを宝物として大切にするのか、駄作として破却するか、それだけの違いです。

このように**自分の人生の価値は、本来自分でしか決められない尊いものであることは理解してもらえたと思います。よって、他人から見て価値が見出だせないものでも、その人にとっては価値があるものかもしれないという視点は大切にしていきたいものです。**

さて、今の説明を踏まえた上で、現代人の多くが抱える問題について、私の考えを述べていきたいと思います。

それは、人生という白紙のキャンバスに「どう色を塗っていいのかわからない」という悩みです。本書では「世の中の8割くらいの出来事はどうでもいいことだから、肩の力を抜いて生きていこう」というメッセージをベースに展開していますが、そもそも肩の力の抜き方がわからないという人も多いでしょう。

正直「人生が順風満帆で悩みがないわ」という人は、この本なんか手に取らないでしょう。何か考えていることがあって、回答のヒントを求めてこの本を手に取る人のほうが多いと思います。

人生に明るい展望が持てない。
生きているだけで社会に傷つけられている気がする。
ストレスが多くて今すぐ逃げ出したいけどどうしていいかわからない。
他人や社会に迷惑をかけてはいけない。自分は完璧でないといけない。

不安やストレスは人間を視《し》野《や》狭窄《きょうさく》に陥らせ、さらに苦しい状況に追い込んでいきます。

そんな状況の中で「自分の人生なんだから自分で色を塗れ」と言われても暴論にしか思えないでしょう。

さて、ここで少し視点を変えてみましょうかね。

周りと協調する。でも人生を進めるのは自分

最初に安心してほしいのは、何も最初からひとりで色を塗れるようにならなければいけないというわけではないことです。生まれたばかりの頃を考えてみるとわかりやすいと思いますが、基本的に私たちは身近な養育者（例えば両親や祖父母など）の真似事やリアクションを参考にして自身の行動を選択し、やがて最適な行動を自然と選べるように成長していきます。つまり、私たちは他者を参考にして色の塗り方を学習しているのです。

ここからわかることは、完全オリジナルの塗り方は存在しないということ。同時に、充実した色塗り（生活）を進めるためには「色塗りの参考にする相手」と「作業する場所や環境」の2つが重要になってくるのです。

「色塗りの参考にする相手」とは、さっきも説明した通りで、親や友人など周囲の人が該当します。また「作業する場所や環境」とは家庭や学校などのあなたが身を置く環境のことをいいます。そのため、虐待やいじめなどの抑圧体験や心に突き刺さるような失敗体験

があまりにも多すぎたり長期間にわたったりすると、泳げないのに突然海に突き落とされるような状態になって、自分でどうやって色を塗ればいいのかわからなくなり、心が先に路頭に迷うようになって人生がそれに引っ張られてしまって漂流するようになるのです。

ただ、残酷な話をすると、何もできないまま漂流するだけだと自分で塗り上げるべき人生が他人や周囲の反応に右往左往するだけに終わってしまいます。

これは非常にもったいないことですよね。

あなたの事情や背景には理解を示しますが、ここは勇気を持って自分の人生を取り戻すべく立ち上がってほしいと思います。

何か行動に移す必要はなく、気持ちのスイッチを切り替えるだけでも大丈夫。

これはあなたが自らの意思で選んだ選択です。

結果は必要ありません。「今、あなたが自分で色を塗った」という事実が大切なのです。

なぜ結果を重要視しないかといえば、さっき説明した通り結果は「運ゲーの結果」であり、人生を自分のものとして取り戻す過程において、そこまで大切なものではないからです。しかし、結果を生む行動を選択した。これには大きな価値があります。

まずは、そんな自分を、ぜひ大切に愛してみてください。では、少し頑張れた気分になったら遠慮なくスイッチを切ってみましょう。深呼吸して……はーい、リラックス（急に、この本ってもっと緩いコンセプトだよなと思い直した顔をしています）。

では、ここから本題に戻しましょう。

自分で自分の人生の主導権を握るためには、自身が行動選択の決定者である意識を持つことが大切になってきます。私たちはついつい自身の選択を他人や社会に選ばされたと思いがちですが、最終的に決定しているのは自分であることが多いはずです。

そして、**自分にとって最適な選択を決定するには、過不足なくありのままの自分を正しく理解しておくことが大切になってきます。心理学の世界においてはメタ認知能力とも呼ばれるものですが、「自己の認知活動（考える・感じる・記憶する・判断する等）を客観的に捉える」能力は、自分の存在が揺さぶられやすい、もしくは自分自身に自信を持てず自己を見失ってしまいやすい現代社会ではますます重要になってきます。**

「じゃ、どうすればいいの？」

そんな声が聞こえてきそう……しかし、良い質問です。もしも目指す対象が存在しない場合、本書で私が口酸っぱく持ち出している「テキトーな人間」を目指してみてください。何度も説明している通り、私の指している「テキトーな人間」とは無責任な人や破天荒な人のことではありません。確立された自分の軸を持ちつつ、自分にとって必要なことと不要なものを正確に見極めて自分らしさを保っている人のことをいいます。

「余裕」とは、人生の選択肢を増やす魔法

さっき説明した通り、最終的に正しい結果へ導いてくれるのは行動を選択した自分です。ありのままの自分を受け入れることでこれまで見えてこなかった考え方や価値観に遭遇しても柔軟に対応することができるようになります。これは本当に大切なことで、思考の視野が広がる感覚をわかりやすく説明すると、心の容量に余裕が生まれるような状態といえるでしょう。この余裕が事象を冷静に見極める目を作り出し、本当に大事なことなのか、それともどうでもいいことなのかを考えることに集中できるようになります。

テキトーな人は、実はこのような余裕があるからこそ問題の切り分けが上手で適切な行

動選択ができるのです。周囲がどうでもいいことに振り回されている間も、冷静にその場に立ち止まって周囲を見渡し、本当に自分にとって大切なことに思考リソースを割くことができる。その結果、他の人よりも選択肢を増やすことに成功したり、誰よりも先に正しい結果に導いてくれる選択を選ぶことが可能になるのです。

うーん、今のままだとちょっとわかりにくいですかね？　では、ここで漫画のキャラクターでイメージしてもらいましょう。

　勝手ながら、私が尊敬するテキトーな人代表として、北条司先生の代表作でもある『シティーハンター』から「冴《さえ》羽《ば》獠《りょう》」と、モンキーパンチ先生の代表作で国民的アニメでもある『ルパン三世』から主人公の「ルパン」を参考に説明しようと思います（若干私の青春時代の年代が出ているかもしれませんが、そこに対するツッコミは優しめでお願いします）。

　彼らに共通する魅力を挙げるなら「クールで、ロマンチストで、おバカで、スケベなんだけども……最高の結果へ導く決断ができるカッコいい大人」といったところでしょう。人によっては破茶滅茶な印象を持つかも知れませんが、そこは漫画のキャラクターということで。

美女を前に鼻の下を伸ばし、自ら厄介事に巻き込まれに行く様子はあまり賢いようには見えませんよね。しかも「裏社会№1の始末屋」と「大泥棒」ですから、彼らの生き方を参考にしろと言われてもすぐにイメージするのは難しいかもしれません。

ただ、今回私が参考にしてほしいのは問題の切り分け術についてです。

彼らは普段はいいかげんな生活を送っています。仲間や周囲から小言や忠告を受けても曖昧な返事でのらりくらり……しかし、いざトラブルが発生すると周りの人間や依頼主のその後も考えて常に最良の行動を選択し、確実に実行します。この決断の過程に彼らなりのルールが存在していることは明白です。

わかりやすく言えば彼らには、事象と向き合うときの〝マイルール〟が明確に存在し、状況に応じて対処の優先順位が即座に頭に浮かぶようになっているのです。マイルールとは自分の軸と表現するとイメージしやすいでしょう。

このように私たちは物語を通して彼らの持つ「軸」に共感し、どんな状況にも冷静かつ適切な対処を選択する彼らを応援するようになります。そして、彼らが明確でブレない「軸」を持っているからこそ、私たちは彼らがどんな大ピンチに陥っても一定の余裕を持って見ることができ、逆境を跳ね返す妙策に期待してハラハラすることができるのです。

ここで現実に目を戻してもらうと、実社会でも余裕のある人の周りには多くの人が集まりますよね。これはなぜでしょう。

もちろん、これまでの話から「軸」を持っているからというのはわかってもらえると思います。ここから「軸」について深掘りしていくと、実はこれまで話してきたことにつながるのです。

①ありのままの自分を認識して、それを愛してあげる（言葉に違和感のある人は「信頼する」という言葉でもいいかもしれませんね！）

②自分自身の能力に自信を持つ（長所や短所を認識していることに自信を持つ）

③必要とする情報や大切にするルールを意識して情報を分別する能力をつける

この①から③までの過程を経て、ようやく人間は余裕の源泉となる「軸」を持つことができるようになるのです。

でも、そのような人がこの世にいるのだろうか。

少し考えると、テキトーな人とは飄々《ひょうひょう》として掴みどころがない不思議なオーラを持っているような人というのがイメージとしては近いかもしれません。社会的な基準を逸脱せずに、それでいて自由に生きているような人間像を想像してみてください。

すごく人生楽しそうですよね。

ストレスも少なそうです。

それもそのはずです。テキトーな人は周囲に惑わされることが少ないからです。

本書に何回も出てきていますが、多様な価値観や存在が見えやすくなった社会だからこそ私たちのもとに届けられる情報や事象にはさまざまな立場や考えが内包されています。これはとても素晴らしい半面、情報や事象の大波に飲まれて感情が漂流しやすくなった社会ともいえます。人間も社会も多面的に構成されていますが、私たちは事象に遭遇したときに一側面を見ただけで全体像まで勝手に想像して判断してしまいます。

価値観が無制限に広がった社会だからこそ。

人と浅く広く簡単につながれるようになった社会だからこそ。

さまざまな情報が大量に強制インプットされるようになった社会だからこそ。

——社会に自分自身の根をしっかり張っておかないと、人生の主導権を奪われてしまうようになるのです。自分の軸を持つことを放棄し、感情として居心地の良さを感じる誰かの価値観を借りパクして自分を確立させた気になったとしても、それは誰かに支えられている自分の軸になってしまいます。自分の軸は自分で構成して支えていくものですから、これは非常にまずい……。

脆弱《ぜいじゃく》な他人製の軸に振り回される人生はとても悲惨です。取り込んだ他者はあなたの人生に責任を持ってはくれませんし、自分で色塗りしたつもりでも振り返ったときに何も残っていないということになってしまいます。

　他人から見れば価値のない私の人生だからこそ、自分の人生は自分で価値あるものとして作り上げなければなりません。自分のこともわからないまま、周りの右往左往に揺さぶられて一喜一憂して、自分と同じような価値観を持つ周りの人ばかりを気にして自分で消化できない（言語化できない）ストレスを抱えていると、ある日から進めなくなってしまいます。

「くそぅ……そこまで言うんじゃねぇーよ！」

　図星を突かれた人からの声が聞こえてきそうです。

　ですが、安心してください。

そんなあなたには「ダブルスタンダード」の思考を取り入れることをオススメします。おそらく多くの方に知られている言葉だと思いますが、「ダブルスタンダード」とは「対象によって、判断基準を使い分けること」という意味の言葉で、わかりやすく言えば状況や相手によって意見を変えたりすることをいいます。

この意味だけ聞いていると、かなりネガティブなものに感じるかもしれませんね。

しかし、原理的に物事を捉えてしまってどうしようもなくなっている人や、自分の軸を持てなくて漂流して感情が乱されやすい人にはオススメな価値判断と考えています。

これをオススメすると、私はよく「信頼できない人だ」と言われるのですが、私を評価する前に、ここで皆様にひとつ知っておいてもらいたいことがあるので聞いてください。

実は、みんな無意識に自分にとって都合がいいように事象を解釈してなんとなく生活をしています。そんな人間たちが集まって社会が成立しているわけですから、社会も誰かの都合が積み上がって構成されているものだといえます。

もちろん、そこにはさまざまな価値判断が存在するでしょう。

一方で、皆が個人の主観に基づいて行動して好き勝手するようになると社会の秩序は一瞬で崩壊してしまいます。そのため、社会を構成するひとりひとりがお互いの個性を認め、協力し合って生きていくための絶対的なルールとして「法律」が存在し、善悪の判断の基準として私たちは利用するわけです。

問題の切り分けが難しいときの処方箋

さて、ここで話を少し戻しましょう。皆様はこんな悩みを抱えたことないですか？

「自分の思い通りにならない人生がつらい」
「どうして自分にとって都合の悪いことばかり起こるのだろうか」

このような悩みを持っている人は意外に多いように感じます。ただバッサリいきますが、都合の悪いことや思い通りにならないことは当たり前で、本来悩んだところでどうにもならないことなのです。ただ、今のままではストレスが溜まってしょうがないですよね。だからこそ、問題を切り分けるときに「公事」なのか「私事」なのかを立ち止まって考えてほしいのです。

これが私のいう「ダブルスタンダード」です。

少しは見えてきましたか？

……いや、わからない？

なら、私のパターンで説明します。

私は普段「犯罪学教室のかなえ先生」として事件や事故に関する話題をYouTubeで配信しているのですが、例として「薬物事案」の話題が出た際に私は発信者として基本的に「公事」の目線で話しています。例えば「薬物なんて絶対ダメ！」「すぐに警察官に通報してください！」というメッセージは「公事」の目線に基づく見解になるわけです。

しかし、私の友人が薬物を摂取している現場を目撃した場合には、おそらく「何も言わずにそっと友人との縁を切って離れる」という行為を選択すると思います。なぜなら、危険な人から逃げようという判断が最初にやってくるからです。相手は違法なことに手を染めているわけですが、そんな人のために自分の時間を使いたくはありません。もちろん、このまま放置してしまうと、友人は自身の健康を損なっていくでしょうし、違法薬物の購入資金が反社会的勢力に流れていくようになるでしょう。

ただ、このときの私の価値判断としては「社会正義」よりも「自分の身の安全」が優先されている状態です。よって、私は彼の元から離れることを最初に選択しました。

安全が確認されれば、警察や関係機関に通報を入れるかもしれません。

しかし、私の貴重な時間が使われてしまいます。

すると、また「社会正義」と「私の時間」が価値判断の天秤の上でゆらりゆらり揺れはじめます。実際にどう判断するかはわかりません。自分に余裕がある状態ならば、前者を優先するでしょうし、余裕がない状態ならば後者を選択するかも……しかし、これがその状況によって変化する判断ですよね。絶対的なものではないはずです。

ストレスを減らすためなら「ダブスタ」上等

ほら、これこそまさにダブルスタンダードだと思いませんか？

しかし、余裕がないときはそれでいいのです。

自己中心的と言われるかもしれません。

協調性がない人だと後ろ指を指されるかもしれません。

ただ、自分のことでも精一杯な状態で外に目を向けようなんてしたら、それこそ壊れてしまいます。なぜなら、感情や視点が漂流しがちなあなたは、すでに社会の自己中心性に惑わされて自分を見失ってしまっている人だからです。

そもそも、「公事」に目を向けられるようになるのは、「私事」の情報整理ができるようになってからの話ですから、まずは自分自身に視線を向けて、改めて「自分」という存在を見つめ直すところからになります。

では、どうやって自分を見つめ直すのか。

これは言葉にすると非常に簡単な話になりますが、

①主観と客観の分類

②事実と仮定の分類

この①、②の見分けを丁寧に進めることです。

特にＳＮＳでは①、②の見分けがつけられずに曖昧になって、こんがらがってしまっている人がいます。だいたい、そのような人はいつも誰かに攻撃的・挑戦的な投稿を繰り返しているのですが、その根本原因のひとつとして「事象に対する評価軸において感情があまりにも優位になりすぎている点」があるような気がしています。

このような人はある事象に関する誰から見ても正しそうな情報でも感情的に受容できなければ、情報を咀嚼《そしゃく》して飲み込むことを拒否して受け付けなくなるため、事象に関する探求や情報処理が感情に上書きされて事実が変容してしまうので、論理よりも情理が優先されてしまいます。しかし、議論の場面になると情理は論理に劣ってしまうので、そこをカバーするためについつい攻撃的になってしまうのです。また、情理の表現や語彙は論理のそれよりも狭いため、自分の思いや主張がなかなか相手に伝わらず、そのフラストレーションがより感情を刺激して思い込みや偏見を事実化していくようになります。

感情に軸はありませんから、このような感情優位型の思考になってしまうと、周囲の感情にも敏感になってしまい、ある事象に対する異なった意見に対しても「私は傷つけられた」と飛躍した被害的な受け止めに留まってしまい、それ以上の論理的思考や深掘りができなくなってしまうのです。

そして、自分たちの持っている軸や理屈ではなく、感情で結合した集団はさらにその閉鎖的な環境の中で考えを研ぎ澄ませてしまい、より攻撃的になってしまいます。

一応誤解がないようにお伝えしておきますと、感情論も否定するつもりはありません。

しかし、感情に囚われてしまうと、本来どうでもいいことに感情が引っかかって離れられなくなってしまい、その結果、貴重な自分の時間を無駄に消費してしまうことになるのです。


ここでこの章の冒頭に話したことを少し思い出してください。

確かに人生は「結果が運ゲー」なクソゲーです。

しかし、多くの人間は自ら選択した道を歩んでいます。

よって、**成功も失敗も8割か9割くらいが社会や他人のせい（もしくは社会や他人のおかげ）で、自分の成果はせいぜい1割か2割しかありません。しかし、その1割や2割の部分こそ重要で、本来それは自分の問題であり、ここの受け止め方や感じ方を変えるだけで、何かしらの結果を生む選択の幅や質を大きく向上させることが可能になるのです。**

ありのままの自分を見て、自分の人生の道標となる「軸」を据えましょう。

情報の断捨離を徹底しましょう。

否が応でも情報が流れ込んでくる社会においては、いかに情報を捨てるのか（どうでもいいことと分類するのか）が大切になってきます。つまり、インプットを減らす能力です。

もちろん、世の中は簡単に二分できるほど単純ではありません。

しかし断捨離の結果、情報処理に余裕が生まれているならば、「わからないこと」として頭のどこかに保留しておくこともできるでしょう。そして自分で調べてみて判断する。

わからなかったら、まだ今は必要ないことかもしれない。そんなときは誰かに質問してみたりして、理解を深めるのに思考リソースを使ってもいいでしょう。

テキトーな人にはそれができます。限りある時間や思考力を大切にし、どんな事象に対してもリソースを適切に割くことができるのです。

そこから生まれる余裕が、次の選択を熟考する力を授けてくれます。

難しいときは価値判断の基準を都合よく変えてみましょう。まず、自分が生きやすいかどうかをベースに考えて、そこから周辺への影響や配慮などを考えればいいのです。

どうでもいいこだわりは、すぐに捨てる。

優先するべきは、自分の時間。

「公事」と「私事」のダブルスタンダードをうまく使い分ける。

これらを意識して生活するようになるだけで、私たちは自分自身に対しても自身を支えてくれる周囲に対しても優しくなれるかもしれません。

優しさは自身の余裕の表れです。自分のリソースを他者のために活かす行為です。

だから、テキトーな人は優しいことが多いのです。

コラム

「俺流☆トラウマへの対処術」

お悩み内容

私は都内の大学に通う大学1年生です。私自身の抱えているトラウマはSNSトラブルです。

高校時代に仲が良いと思っていた友人がいわゆる「裏垢」と呼ばれるアカウントでクラスの何人かと悪口や盗撮写真を共有していたことがあります。あれだけ仲が良かったのに意味もわからずショックが大きい状態です。

それからSNS恐怖症になってしまいました。しかし、大学に進学して周りがSNSを普通にやっていて、自分も陰で何か言われてしまっているのではないかと不安でいっぱいになります。

回答

「本当に大変なら精神科へ。あえて回答するなら、今すぐSNSを断ちましょう」

SNSトラブルでトラウマ……本当にお気の毒に思います。

最初に真面目なアドバイスをすると、本気で悩んでいて心身に不調が出ているようならば、医療機関などにかかって専門医からのアドバイスをもらったほうがよいと思います。こんなことで病院の診察を受けてよいのかと思われるかもしれませんが、自分で解決できないのならば専門家に相談するのが一番です。

その上であなたのお悩みに真剣に回答させていただきます。

今、あなたは自分の評判を気にするあまり、自ら傷つく環境に接近しすぎている状態です。おそらく自分でも薄々気づいていると思いますが、このまま離れることができない状態が続くとよりつらいことになると思います。

でも……気になっちゃいますよね。

冷静にあなたの立場に立ってみると、仲が良いと思っていた相手が自分の知らない場所で盗撮写真をアップロードして晒していたり、悪口を投稿しているなんて知ったら誰も信じられなくなってしまいますよ。だから気になってしまうことは悪くはないです。

しかし、困ったことに相手を変えることが難しいのも事実。

そこであなたに提案したいのは、問題の受け止め方とダメージコントロール術を変更してみることです。一旦、今回の相談内容をざっくりと分解して整理しましょう。

①客観の話として「高校時代の友人にＳＮＳで嫌なことをされた」

②主観の話として「理由はわからないが、大きなショックを受けた」

③仮定の話として「大学に進学しても自分はＳＮＳで悪口を言われているかもしれない」

④事実の話として「まだわからない」

ちょっとスッキリしましたね。

ここをみると、あなたの不安は④のわからないことが原因なのかもしれません。しかしあなたは自身で設定した仮説を検証する術を持っていないでしょうから、おそらく④はずっとわからないままだと思います。

不安感が強まり神経過敏な状態だと推察しますが、③で引っかかってしまっている状態だとそのうち③を事実だと思い込んで、思い込みの事実化をしてしまうようになるでしょう。そうなると、自分で自分を傷つける状態になってしまいますね。

さて、問題を整理して受け止める準備が整ったところで、ひとつひとつの問題を切り出して受け止め方の変更をしましょう。わかりやすく説明すると、今のあなたは過去のトラウマのせいで受け身が下手になってしまい、本来避けられるはずのダメージまで負っている状態に近いと思います。ここであなたが抱えているトラウマをきっかけにして、自身の人生の在り方や生き方の問題を見つめ、より豊かに生きていけるようになる方法を探ってみます。

まず、何を考えないか、これを決めましょう。

真っ先に①のＳＮＳで悪口を言われていた理由が上がりそうですよね。なぜなら考えたところで相手に聞かない限り結論は出ませんし、相手に理由を尋ねたところで本当の理由を話してくれるとも限らないからです。つまり、時間の無駄ということです。

そもそもどんな理由があれど、盗撮写真や悪口をインターネットに投稿するほうが悪いです。私は相手に知られない陰口は容認するタイプですが、不特定多数の人が閲覧可能になっているＳＮＳは陰に見えるようで陰ではありません。ガッツリ日向です。

勘違いしている人が多い気がしますけど、ＳＮＳやインターネットに本当の陰なんてないのです。それに陰口だって相手にバレたら陰口の意味がないので、陰口を言っていた人が悪くなります。ただし、陰口を言われたからといって相手に詰め寄るのも、先ほど言った通り無駄なことなのでさっさと距離を取るのが賢明です。

なんで被害者の自分が下がらないといけないの?

被害認知の強い人は、自分が引くことを損だと感じて余計に相手に非を認めさせようとしたり、相手の悪いところを探し出して自分が否定されないために相手を否定する材料をたくさん探し出そうとしますが、それも最終的に解決はしませんし、自分が抱えた問題(今回なら相手との距離感)をあなたが相手のせいにしてこだわっているだけなので、周りからはあなたの問題を相手の問題にすり替えて暴れているだけにしか見えないのです。だから、悪口を言うのは相手の問題として、自分の問題ではないのだと切り捨てて次を考えましょう。

では、②の主観である「理由はわからないが、大きなショックを受けた」というのはどうでしょうか。

これは、あなたの感じた問題ですので、大切に受け止めてあげてください。実際に悪口の投稿などを目撃して動揺してしまうのは当たり前の反応です。動揺してしまったけど、それも大切な自分のひとつの側面としてありのまま受け止めてあげてくださいね。

そして③仮定の話として「大学に進学しても自分はＳＮＳで悪口を言われているかもしれない」についてですが……。これは相手の問題ですよね。

そもそも大学になるとクラスの概念もなくなり、授業ごとのコミュニティになるのでそこまで集団の凝集性も高くないですから、あなたが相当変なことをしていない限りはわざわざ嘲笑の的になることもないでしょう。まぁ、仮に③が事実だとしても、あなたがそれを変えることは不可能ですから考えるだけ無駄です。

悪口を言われたとしても、①を検証したときの考えと同じで相手が悪いのです。不特定多数が閲覧できる場所で陰口のつもりではしゃいでいる様子は側《はた》から見て滑稽ですし、信頼を失っていくのはあなたではなく相手です。

そんな人たちに自分の思考や時間を使うなんてもったいない。

まぁ……今のあなたからすると本当に綺麗事に聞こえるかもしれませんが、結局今のところ、あなたは自分の悪口が書かれた投稿は探し出せていないわけで、問題が発生していないならば④の事実を「悪口は書かれていない」と結論づけてこの問題に終止符を打ってみてもよいかもしれませんね。

もちろん、すぐには難しいと思います。

しかし、このように問題を切り分けて受け身をうまくしておくと、本当にストレスが軽減されて生きやすくなってきます。

今回の相談の場合だと、ちょっと専門医の助言が必要な可能性もあると思いますので、不安が収まらない場合には早めに診断を受けてみてください。

SNSは情報を向こうから届けてくれるぶん、より情報との距離が近くなって私たちの生活を豊かにしてくれますが、一方で匿名性に隠れた人の醜い本性も身近なものにしてしまいました。

SNSを絶ったほうが悪口投稿があなたの目に入ることもないでしょうから、あなたにとっては良い結果をもたらす可能性は高いと思います。

しかし、就職活動や円滑な大学生活のためにもSNSが必要となる場面は多くあるでしょう。そこで改めて提案です。

SNSを絶つことができなければ、本当に必要最小限の必要な情報を届けてくれるアカウントだけをフォローして、人とつながるツールとして使うのではなく、厳格に情報とつながるためのツールとして使い方を変えてみるとか……。あなたがトラウマから立ち直って素敵な大学生活を送れるようになることを祈っています。

第5章

世の中はテキトーで溢れている

「犯罪学教室のかなえ先生」の功罪

「犯罪学教室のかなえ先生」というVTuberは多くの矛盾を抱えたバーチャルキャラクターです。世間を震撼《しんかん》させるような事件や社会的注目を集めている不祥事などを取り扱いつつ、人生の8割くらいはどうでもいいことだから気にするななどと説いているのですから……ここまでずっと「問題の切り分けを実践しよう」と読者の皆様に語りかける一方で、自身はさまざまな理由や言い訳を並べ立てて「どうでもいいこと」の解説をYouTubeで配信してお金を稼いでいる〝彼〟は、きっと良い死に方はしないでしょう。

まぁ、〝彼〟はバーチャルな存在なので、「死」も普通の人とは異なるのでしょうけど。

第三者からすれば、彼は野犬並みに鋭い嗅覚で旨そうな不幸や怒りを嗅ぎ分けて他人の不幸や怒りを利用してお金を稼いでいる存在に見えてしまってもおかしくはありませんね。ちなみに別に病んでいるとか、自身を冷笑して俯瞰《ふかん》で自分を見ることができる私すげーということを言いたいわけではありません。客観的に「犯罪学教室のかなえ先生」というキャラクターを見たときに自分が感じたことをつらつら書いているに過ぎません。

〝彼〟の放送は、本来直接自分たちとは関係ないどうでもいいことを視聴者の私事と結びつける役割を果たしているわけですが、〝彼〟のような存在が現在一定の需要があるということは、多少なりとも私事として結びつけておきたい人がいる証なのだと思います。

少し視野を広げて話してみます。

ここ数年、いや十年ほどでしょうか。

私は世界がどんどんおかしくなっているような気がしています。自分のことを棚に上げて思うところとしては、端的にまとめると「汚れた自分を見て見ぬふりして自分以外の領域に対して過度に潔癖を求める」という感じです。

もちろん、元々潔癖症の人はいたかもしれませんけど。

例えば、私がどうでもいい話の代表例に挙げる「不倫報道」については、昔から週刊誌やワイドショーなどでさんざん報じられてきましたし、私の母も父も祖父母も週刊誌の報道やテレビを見て茶の間で大きな独り言を口にしていましたし。

しかし、それは家の中で完結する話でした。

もちろん本人に届くことはありません。それでよかったはずです。ゴシップとは本来このように身内で楽しんだり、茶の間で完結させたりするような話だったはず。

それがここ数年表面化して、あちこちで問題が起きているような気がします。他人事をみんなが「私事かのように裁判をする」ようになってしまった気がするのです。

例えば芸能人や有名人のスキャンダルが発覚したとしましょう。スキャンダルの内容にもよりますが、多くのスキャンダルは当事者間の問題になります。私たちはいつからか脊《せき》髄《ずい》反射的に湧き上がった感情のままに指を動かしてそれを文章にし、世間に意見を表明するようになりました。まるでそれが当たり前なことで、自分の意見が正論かのようにです。

スキャンダル報道の中には、その全容や前後関係がはっきり明示されていないものも多くあります。そもそも報じられている内容が誤報だったり、当事者からするとスキャンダルに至る事実関係が異なったりすることも少なくないわけで、本来なら第三者である私たちが判断するにしても情報が不足していることが多いのが実際です。

しかし私たちはついつい、点で集めた「事実」に、自分たちのこれまでの経験や事実を目の当たりにした（報道を見たという意味です）ときの感情から「辻褄《つじつま》があう仮説」を

「事実」として再構成して、点を線でつなげて「真実」と断定してしまうのです。

ここで興味深いのが、報道されている事実に関する感想にとどまらず、感想の正当性や整合性のために新しい事実（憶測）を作りあげてさらにその新しい事実について感想として、強い言葉を使ってスキャンダルの当事者にもわかるように堂々と公の場所で非難している点です。

本来なら、内輪や自分の中だけで終わっていたどうでもいいことが、重要な私事であるかのように取り扱われるようになり、それが今は当たり前になって、結果的に「私事」が社会的に拡大している。私が「最近世界がおかしくなった」と表現するのは、この「私事」が拡大しすぎて、社会に絶望したり、誰かを恨んだり、疲れてしまっている人が多くなっているように感じたからです。ＳＮＳやインターネットを主戦場に活動していると、特にそう感じます。

あるとき、誹謗中傷をやめられないという相談を受けました。

本人は自身の投稿を誹謗中傷と認識した上で相談にやってきたわけですが、いざ相談に乗ってみると彼が口にしたのは（実際にはメールでのやり取りですが）、言い訳のオンパレード。私が「嫌いな対象に執着するのは時間の無駄だから、それを制御できないのならばネットから離れたほうがいい」とアドバイスすると、最後には「どうしてお前はわからないのか！　死ね！　ネットの権利を奪うのか！」と打ち切られてしまいました。

彼は別に頭のおかしい人ではありませんでした。みなさんと同じ普通の人間です。強いて言うなら……権利意識や善悪についてのこだわりが強いくらいでしょうか。

その後、彼の投稿をみると、相変わらず過激で断定的な投稿が目立ちます。面白いのが、自分と異なる意見の人にも粘着しはじめている点で、最初の相談はなんだったのだろうと思わずにはいられません。ただ、すごくいい勉強になりました。

もしかしたら、私たちは本能的に誰かを裁きたいのかもしれません。

それとも、今まで私たちの代わりに不祥事などを積極的に報じてある種の私刑の役割を担っていた週刊誌、正義や公平、公共の立場や役割を担って勧善懲悪の広報機関の側面もあった新聞やテレビなどのメディアにしかできなかったことが、ＳＮＳ等の普及によって私たちもその真似事をするようになってしまったのか。もしも、この仮説が正しいものであるならば、新しい玩具を手に入れてずっと遊んでいる子どもを想像してしまいます。

いやいや、もっと単純なのかもしれません。

自分の声が世の中を動かす力を持っているという期待まじりの強い思い込みなのか。

それとも今までなかったものとされていた自分の声を、相手に届けたいという焦燥感なのか。単純に「いいね」などの承認を欲しているのか。

まぁ理由はそれぞれでしょうし、それらを考えるのも時間の無駄です。

……それがお金になるのであれば話は変わりそうですが。

ただ、ひとつ言えることがあるならば、私たちは当たり前のようにインターネットやＳＮＳを利用するようになり、他人との関係や距離感などの壁も感じられなくなっただけでなく、他人事と私事の区別すら曖昧にさせるようになり、わからないことに対する不安感や現実生活における困窮や孤立から「私事」を拡大させている可能性があるということです。

一方で、そんな状況を逆手にとったコンテンツも出てくるようになりました。

●迷惑系インフルエンサー

●暴露系インフルエンサー

●自警団系インフルエンサー

この3つは世間を大きく騒がせましたので、皆さんも耳にしたことはあるでしょう。詳しい人ならば、具体的な名前も頭に浮かぶかもしれませんね。

ここから先は個人的な見解になりますので、ご注意を。

彼らのような存在を一言で言い表すならば、SNSを制する者が令和を制すると言われているこの時代に、生まれるべくして生まれてしまった「下品な承認欲求モンスター」がぴったりでしょう。民事刑事両方の法的リスクを抱えながらも活動を続ける彼らの原動力こそが、まさに視聴者からもたらされる「言い訳」になります。

例えば暴露系インフルエンサーの場合、普段公になっていないスキャンダルやプライバシーに関わる問題を面白おかしく発信したり、「暴露」という形で仕入れたネガティブな情報をインターネットに公開して相手を糾弾したりすることが多いのですが、その一部は視聴者からの熱狂的な支持を受けてフォロワー数や登録者数を拡大していきました。

そして彼らの視聴者は私に、彼らが現代における必要悪であることを主張します。


「そもそも晒されるほうが悪い」

「彼らはひとつの抑止力として機能していることは認めるべき」

「上級国民や既得権益、マスコミが隠す不都合な真実を暴露してくれている」

正義の棍棒《こんぼう》を振るう暴徒たち

もちろん、これはあくまでも目立っている理由の一部を取り上げただけです。

他にも右とは異なる理由で支持している方がいるかもしれません。

ただこの意見をみると、どうやら暴露系インフルエンサーの存在は、彼らを支持している人たちにとっては無力な自分たちの代わりに「隠れた悪を正面から裁いてくれる存在」として映っているのでしょう。そして興味深いのが、彼らの行為は世間一般からは「悪」とされていることを認識しているものの、それによってさらに大きい悪が裁かれる（相手方が炎上する）と妄信して許容しているのです。支持する理由や正当化を深める過程で、さらに熱狂して周囲の意見を受け入れなくなり、自分にとって居心地のよいコミュニティに入り浸り、そこで正当化の理由をさらに強化して、今度は自分と異なる考えを否定する理屈を武装していくようになるのです。

少し前に逮捕された前参議院議員の暴露系YouTuberさんの支持者らは、まさに例に挙げた理由を声高に主張して、彼の罪を捜査している警察機関や司法を痛烈に非難しています。熱狂的な支持者からすると、彼は既得権益を享受する社会的地位の高い人間、裕福な人間など、いわゆる「上級国民」と彼らが定める存在に対して一矢報いてくれる存在に映っているのかもしれません。仮にそうならば、そこにこだわっている彼らは社会に対して強い不公平感やある種の被害感情を強く持っているのだろうと思います。

最近話題の自警団系インフルエンサーもそうです。

イメージとしては、私人逮捕系YouTuberがわかりやすいでしょう。痴漢や盗撮、挙句には薬物売買の現場に駆けつけ、被疑者を私人逮捕と称して制圧する場面などを撮影してYouTube等に投稿していた彼らは、その活動が社会の注目を集めるようになると撮影の是非や私人逮捕と称する制圧行為に関する非難や疑義が届けられるようになったためか、最後には何もしていない女性を追いかけまわしてモザイク加工もしないまま犯罪者であるかのような文言を添えて投稿したり、犯罪を作り出すために覚醒剤を買って駅までやってくるように唆《そそのか》したりしていたことが発覚して、警察に逮捕されてしまいます。

もちろん逮捕＝有罪というわけではありませんが、逮捕後に彼らへの非難が集中する中で彼らの支持者は、暴露系インフルエンサーの支持者と同じような正当化の理由を並べて彼らの擁護を始めたのです。

「今まで警察は痴漢を捕まえていなかった。一方で彼らは捕まえてくれていた」

「警察や鉄道会社が何もしないから、彼らが誕生したんだ」

「痴漢なんて暴行を受けて当然だろ。そんなことしなければよかった話だ」

「彼らのおかげで痴漢や盗撮犯は撲滅できている」

「深刻な痴漢問題や盗撮問題を世間に知らしめてくれた」

しかし、これは配信を通して検証してみたのですが、彼らの主張の根拠となる事実についてはどれも誤ったものでした。

調べたところによると、警察は痴漢や盗撮の取り締まりを行っていますし、鉄道会社側も不埒《ふらち》な犯罪者から犯罪の機会を奪うため電車内に防犯カメラを設置するなどして対策を講じています。そのため、「警察は捕まえていなかった」「鉄道会社は何もしていない」というのは思い込みを事実化しただけの誤った認識に基づく事実と言わざるを得ません。また、自警団系の活動者そのものが当該犯罪を撲滅することはできていませんし、むしろ彼らの活動的には犯罪者が存在してくれないと困るわけで、それが冤罪《えんざい》や犯罪を作り出す方向へ彼らを進めてしまったと考えることはできるでしょう。最後の広報についても、彼らの活動で注目を浴びたのは「彼らが行ってきた私人逮捕と称する行為」であり、駅構内における痴漢や盗撮は元から深刻な問題と世間一般に認知されていた問題だったはずです。

私だって正論を叩き込みたいわけではないのでこのへんにします。

ただ、本来の社会における「悪」とは相対的な程度の話ではなく、法律のラインを越えたら平等に法令違反として「悪」と認定されるのです。行為によって罰状が変わるものの、そこに優劣なんてものは存在しません。「悪」は「悪」なのです。これは配信でも口を酸っぱくして言っている話です。

一方、迷惑系インフルエンサーはどうでしょうか。

彼らは、暴露系インフルエンサーや自警団系インフルエンサーと異なり、コミュニティに対して迷惑行為を働いて炎上を繰り返しています。いわゆる「炎上商法」と呼ばれるものですが、これは批判や非難を浴びるような方法で注目度や話題性を高めて、売り上げを増やす商法のことで、彼らは売名や再生数稼ぎ目的で迷惑行為を繰り返しているのです。

彼らの存在は、正義の棍棒を振り回したい人間にとっては美味しい獲物として映るでしょう。一方で迷惑系インフルエンサーにとっても、批判や非難を浴びることで売名や再生数につながるわけですから本望なわけです。

ここで思考を少し視聴者の目線に移してみましょう。

今回紹介した3種類のインフルエンサーですが、3つに共通しているのは「視聴者にわかりやすい〝悪〟を紹介し、制裁を与える機会を提供するコンテンツ」という点です。迷惑系インフルエンサーは自らが「悪」になって周りに自分を叩かせ、暴露系インフルエンサーや自警団系のインフルエンサーはわかりやすい悪を晒して周囲に叩かせているのです。匿名で利用可能ですし、傷つく相手を見ることもありません。

しかも自分だけでなく、周りも炎上に参加しています。

そして、いつしか私たちは誰かから提供される正義の棍棒を振るう機会に慣れていき、わかりやすく単純化された「悪」に対して深く考えることもなくなるのと同時に、誰かを叩くことに疑問を持つ感覚も奪われていったような気がします。

その中で、自分から己の正義を行使する場所を探し求めるようになり、裁判官を気取るようになってしまった人もいるのかもしれません。独善的で幼稚な理論を振りかざし、少ない情報で勝手に全体像を補完して善悪を断定し、自分の価値観を社会規範や道理と言い換えて、汚い言葉を相手にぶつけることにすら躊躇がないような人も最近増えた気がします。

皆さんもご存知の通り、制裁行為は非常に中毒性の高い行為です。

比較的簡単に安全圏から正義の名の下に他人を攻撃することができます。攻撃の口実も誰かが用意してくれています。感情的になっても誰も止めることはありません。

●匿名で利用できる空間

●単純化された情報

●強調される善悪

現実世界で溜め込んだ不満やイライラも一緒にぶつけてその場でスッキリできれば、彼らはどうでもいいのでしょう。正義や制裁は言い訳で、それ自体が目的ではないのです。

正義がないなら、相手を「悪」にすればいいのです。

傷ついたと主張すれば、相手を「悪」にすることができます。攻撃する理由を探し求めるあまり、自分が「被害者」であることに敏感になりすぎているのかもしれません。

つまり、レーダーの探索範囲を広げてしまっているということです。これこそまさに「私事」の拡大であり、本来どうでもいい話に囚われてしまう原因なのです。

インターネット、ＳＮＳ――確かに社会は便利になりました。

しかし、無理やり目に入り込んでくる大量の情報と、そこに連なる感情に常日頃から晒され続けるようになった私たちは、社会を構成する人間としてどこか大切な能力を失いつつあるのかもしれません。

自分のことを棚に上げ、他人を気軽に攻撃して、死なせてしまうことすら厭《いと》わない。

これは自戒にもなりますが、本当に言葉が軽くなった気がします。理性ではなく、脊髄反射的に生まれた刹那的な感情から、拙《つたな》くも鋭利な言葉を平気な顔で放つようになりました。

しかし、どんな理由があったとしても「あなたに関係ない話」である以上は感想を持つことはあっても、それを理由に他人を攻撃してよいことにはなりません。

でも、私たちはついつい首を突っ込んで当事者ヅラをしてしまいます。

結局は他人事なので私事ではありませんから、正しく裁けるわけがないですし、そもそもなんの権限や道理があって裁くのでしょうか。それは私にもわかりません。

寛容を目指しても、社会が不寛容になっていく

あるとき、私にこんなことを言ってきた方がいます。

「どうして世界が良くならないのか」

「これだけ怒りに満ちていて、これだけ騒がれているのに問題が改善されていない！」

理由は簡単です。

世界は複雑な構造を保っており、そこに生じる問題にも複雑な背後関係や事情が重なっていて簡単に解決できない問題である可能性があるからです。

世界だけでなく、人間もまた複雑です。

機械やＡＩは合理的な選択や正解しか選びませんが、私たち人間は正解とわかっていながらも感情が揺さぶられる状況に陥った場合などには意図的に間違いを選ぶこともできるのです。清廉潔白な政治家ですら、過ちを犯すことがあります。

まさに矛盾している生物です。

しかし、その矛盾が私たち人間を血の通った人間たらしめており、この尊い矛盾こそ「人間性」と呼べるものの正体ではないでしょうか。そして矛盾から生まれる葛藤《かっとう》が「理性」なのかも……まぁ、これは私の感想です。違和感を覚える人もいるかもしれません。

ただ、はっきりとわかることとして、私たちはあまりにも、感情的になりすぎて問題の本質や情報の取捨選択の機能が効きにくい状況に陥ることに慣れすぎたのでしょう。

ポジティブな投稿よりもネガティブな投稿に反応するだけでなく、ポジティブの中からネガティブな話を探し出そうと躍起になる人まで現れる始末。

最近私の〝推し〟が結婚したのですが、かなり年下の19歳の女性と結婚したことが大きな話題になりました。普通におめでたいニュースです。私も祝福のコメントを送りました。

しかし、幸福なニュースに水を差すようなコメントが殺到して、なんと私の推しは炎上してしまいます。それもただの炎上ではなく、大々炎上です。

これは何が問題だったか。

「二人がいつ交際したのか」

「いつから性的な目で見ていたのか」

「グルーミング（性的な目的を持って相手をてなずける行為）ではないか」

などなど論点はさまざまありましたが、その一部が過激化して、私の推しはまるで性犯罪者であるかのような大バッシングを受けてしまいます。

しかも根拠は結婚の声明文だけです。

もちろん当時はまだ某芸能事務所の性加害問題の余熱が残っている状態でしたから、ついつい過敏になってしまうことも理解できますし、そもそも30代後半の成人男性が10代の女性と結婚するなんておかしいと思う感覚もその人の感性の話ですから否定はしません（個人的にはドン引きです）が、あまりにも警戒レーダーが過敏になりすぎて心身への健康になんらかの害が及んでいないのか心配になってしまいます。

結婚というおめでたい事実に返す言葉に「おめでとうございます！」などの祝福の言葉以外を知らない私にとっては、相手の年齢から背後関係や交際に至る経緯まで勝手に邪推して性犯罪者に仕立て上げて非難するという発想は、世界の広さを突きつけられる衝撃体験のひとつとなりました。

本来、世界は多面体です。

そしてその全てを観測することは不可能です。

そのため、人間はある程度の情報を見て「仮定の事実」を作り上げて全体像をつかもうとします。そして周囲と自分の「仮定の事実」を見比べて事象に対する解像度を上げていくわけです。

しかし、正義や制裁の熱に浮かされることに慣れてきた私たちは、平面でしか事象を観測できなくなってしまったのかもしれません。こんな私たちのために問題をそれっぽく単純化して切り分けて食べさせてくれる人物に依存し、気持ちをスカッとさせてくれる餌《えさ》を大きな口を開けて待っているのです。まるで親鳥から餌をねだる雛《ひな》のようですね。

人間で想像すると非常に滑稽ですが、イメージしやすいと思います。

インターネットやＳＮＳに張り付き、流れてくる餌を「私事」と認識して感情を揺さぶられ、瞬間沸騰して相手の存在を忘れて感情のままに相手を傷つけてしまう。

しかし、対面場面ではなく相手の反応も明確に見えないので自制も難しい。

裁判所からお手紙が届いたときか。

お巡りさんがやってきたときか。

相手が死んでしまったときか。

仮想の現実でやったことの重大性に気づくのは、いつも現実で何かが起きてから。

彼らが何に囚われているのか、考えるといろいろと候補が浮かんできます。

決めつけはよくないですが、「自分自身」「自分の価値」を守りたいのでしょう。その人が持つ感情とは、その人自身を構成する唯一無二な要素で、まさにその人の人間らしさが詰まっている部分です。その点で、他者との邂逅は感情の邂逅ともいえます。

　しかし、その人間らしさが実は人間の読めない厄介な部分で、そもそも相手の感情を正確に理解するのは本当に難しいことなのです。さらに、相手の表情が見えないテキストベースのやり取りだと、その難易度も一気に跳ね上がってしまいます。

　自身にとって受け入れられない意見を見たときの過剰反応も、実は正義感を超えた「感情の侵害に対する防御反応」みたいなもので、本人でも制御が難しいものかも……。

　なんとか感情を守ろう、自分を守ろう、と本人は躍起になってしまいます。ところが、感情を守ろうとする行いは、表面的には幼稚に見えることがあります。そこで感情に理屈を持たせるために「感情」が喚起された原因をこじつけて意味づけを行い、その原因を相手に帰属させて、それっぽく整えようとしてしまいます。その際に都合よく持ち出されるのが「加害者」と「被害者」の論理であり、第三者的に見てもわかりやすい善悪の構造が立てられてしまうのです。また、直接自分に関係のないことでも自身を当事者に置き換えて相手を非難することは、まさに部外者の被害者化というのに相応しいでしょうし、相手の感情が自分を傷つけるものならば容易に加害者のレッテルを貼ることができます。

わかりやすい被害者と加害者の構図。それを目にすることで、私たちは他人事を「私事」として捉え感情を揺さぶられてしまうのです。

基本的に被害者には「かわいそう」などの同情や「勇気ある行動」などの賛辞が集まります。なかには感情を共鳴させて（実際にはなっていないが）一緒に怒ってくれる人もいるでしょう。わかりやすく言えば、構ってもらえるようになります。

そうなると自分が被害者であることを、被害者になれるような状況を、積極的に作り出して新たな加害者を探して糾弾するようになります。もちろんその過程において外に向けられる感情のトゲはより鋭利になり、本人も気づけないまま攻撃性も高まっていきます。

その結果、皮肉にも「私は傷ついた」「私は傷つけられてきた」という人が自分の加害性に気づけないまま、解決しない問題に苦悶を続けて、また被害者としてのアイデンティティーを強化して、終わらない無間地獄の沼にハマって出られなくなってしまうのです。

弱者や被害者という肩書きや身分は、他者を攻撃する免罪符ではありません。そして、社会は平面的な議論もどきを続けていくようになり、各人の定める「加害者」「被害者」

「善」「悪」に分断されていき、お互いを敵視しつつお互いに自分の傷を舐めてくれる人たちのいるコミュニティーに縛られていくようになるのです。

まぁ……ひとごとなんで、どうでもいいんですけどね。

『犯罪学教室のかなえ先生』のコンテンツの本質

ただ、あまりにも感情的になりやすくなっている昨今のSNSには正直疲労感を覚えてしまうことが多いです。VTuberなんてやっていなければ、さっさとアカウントも消して逃亡しているところですが、そうするわけにもいきません。

しかし、私はこのときにふと思ったのです。

『犯罪学教室のかなえ先生』というキャラクターと、〝彼〟が普段視聴者に提供しているコンテンツは果たしてどうなのか……彼らと何が違うのかと。

そして、この章の初めに戻るわけです。

『犯罪学教室のかなえ先生』が企業の不祥事や世間を騒がせる事件を取り上げる理由は、

非常に明瞭です。

●時事解説は少年院の先生時代にもやっていたことで、大学の専攻も刑事法で特に犯罪学について勉強していて周りよりちょっと詳しいから。

●VTuberをしている人の中で同じようなことをしている人がいなかったから。

この2つです。もっと簡単に言えば、自分の得意なことを誰もやっていなかったからやっただけのこと。もちろん、すでにゴシップや時事に関する解説を行うYouTuberはいたのですが、彼らの多くはニュース記事を読み上げて非難されている相手や異なる主張をする当事者を嘲笑したり、攻撃したりするような表面的なコンテンツで、ひとつの事件から背後関係や事情まで深掘りを行うようなものではありませんでした。

実際、『犯罪学教室のかなえ先生』は「ヒット」しました。雑誌や記事に掲載されたり、書籍を出版したり、テレビにも専門家として出演するようになっています。

しかし、『犯罪学教室のかなえ先生』が脚光を浴びれば浴びるほど、私は暗い気持ちになるのです。

私も「怒り」「悲しみ」などの負の感情を餌に視聴者を釣っているだけなのではないか、事件や事故について「解説」と称して丁寧に深掘りして視聴者の昂った感情を諌めているだけのコンテンツなのではないか……多くの時事系YouTuberと呼ばれるニュースやゴシップ解説系チャンネルよりも、ほんの少し多方面から事象を観察して、それっぽく納得感があるように作られているだけで、軽蔑する彼らと自分の本質は同じなのではないか。なのに、清潔なものとして祭り上げられる様子に嫌悪の感情を抱いてしまうのです。

私の推しでもあり、私自身のある種の憧れの投影でもある『犯罪学教室のかなえ先生』だからこそ、私は〝彼〟のことを誰よりも理解しているつもりです。

好奇心旺盛にもかかわらず、他人には興味がない〝彼〟は、「誰も加害者や被害者にしないため」と言いながら「ビジネス」としてあるところでは冷酷に割り切ってコンテンツを量産しています。

また、『犯罪学教室のかなえ先生』という存在は、目的もないまま常に誰かを傷つけながら誰かを助けようとしているようにも見えます。しかし、助けようとしている自分に安心しているだけで実際に助けているかどうかにはあまり興味を示していません。

しかし、そんな〝彼〟の下に救いを求める人は実際に存在しており、この人なら私の悩みを解決してくれるかもしれないと淡い期待を持って訪れます。

〝彼〟は他人に興味がありません。にもかかわらず、期待を膨らませるフェロモンを振り撒きながら、今日も清廉潔白な顔で誰かのための放送をしているのです。

〝彼〟は求められている救済ではなく、あくまでも自分で設定した救済対象にしか興味がなく、そもそも個別具体的な救済には関心を持っていないのです。

ある意味、とても狡猾《こうかつ》で残酷な側面を持っているキャラクターといえるでしょう。

それこそ、〝彼〟にとっても私にとっても取り扱う内容は究極的には「どうでもいい話」であり、周りにどう見られるかについても、あくまでもキャラクターコンテンツを取り扱う上で「かなえ先生としてどう見られるか」にこだわっているだけであり、私自身はかなえ先生が批判されていようが誉められていようが、私に対する評価ではないため「どうでもいいこと」になっています。

ただ、〝彼〟が今人気VTuberに仲間入りし……というのはさすがに自分ではいえませんが、いずれにせよそれなりの影響力を持ち、私個人と結びつけられることも多くなってきています。だからこそ、〝彼〟のことがたまに嫌いになるのかもしれません。

言い訳も価値のひとつかもしれませんけど、〝彼〟は私が嫌いな人と変わらないのです。

だから、きっといい死に方はしないだろうと思っています。

ただ擁護できる点があるとするならば、〝彼〟と私が実践している「問題の切り分け方」や「多面的に事象を捉える視点の提供」というのは少なくとも実際に視聴者の感情の平穏に役立っているところでしょうか。

あまり自分で自分を擁護するのはよくないかもしれませんね。

しかし、「問題の切り分け」は問題にこびり付いた感情の切り分け作業であり、「多面的に事象を捉える視点の提供」も当人が事象に対して抱え込んだ「仮定の事実」に深みを与え、反射的に飛び出してきそうになる感情や断定表現を抑える役割を果たします。

わかりやすく言えば、受け身の取得やクッションの獲得みたいなものでしょうか。

思慮深く考えることは悪いことではありません。

何かひとつの出来事に対してなんでも脊髄反射的に対応するのではなく、一呼吸をおいてブラブラ考えてみるのも悪くないでしょう。

そもそも、その出来事は自分に関係のあるものなのか、自分が最初にどう思ったのかを丁寧に整理できるようになると、抱え込んでしまうストレスも軽減できるでしょう。

私たちはいつしか感情の捌《は》け口を探すためにストレスを自ら探すようになってしまいま

した。しかし、そんな自分を変えられるのは、他人ではなく、自分自身なのです。

コラム

「俺流☆不安からの脱却術」

お悩み内容

回答してもらえるかわかりませんが、かなえ先生に相談です。

私は就職を控えた大学4年生で、社会人としてもやっていけるのか毎日不安でいっぱいいっぱいで寝ることもできていません。そもそも社会で生きていけるのかも不安です。

老後2000万円とか無理そうですし、会社でずっと働けるかも不安です。

周りに相談しても「みんなそうだよ」と言って慰めてくれるのですが、なぜかすごく不安が加速してしまいます。かなえ先生はどうだったのかと、この不安はどうやったら解消されるのかお話を伺いたいです。

回答

不安は「行動せよ」という身体からの指令。
失敗してもいいから自信を身につけよう。

相談ありがとうございます。そして、内定おめでとうございます。いよいよ社会人への第一歩ですね。

今回のお悩みについてですが、回答にも示しました通り「行動あるのみ」だと私は考えます。わかりやすく言うと、行動して自信をつけて不安を払拭するということです。

ちょっとだけ脳科学的な話をすると、人間の脳は緊張や不安、恐怖を感じるとノルアドレナリンという脳内物質を出すのですが、これは危機に陥ったときの「逃走か、闘争か」という判断に関係する物質で、行動を促すためにドバドバ出てきます。

そのため、身体は動けと言っているのに、ジッとして考え込んだり布団の中で苦悶していたりしても、余計にノルアドレナリンが放出されて「早く動け！」と迫られるので余計に不安感が高まってしまうのです。

だから、動くしかない。

しかし、どう動いていいのかわからないですよね。

そんなあなたのために私の経験からおすすめをいくつか提案させていただきます。

①短期のアルバイトをいくつか経験してみる
②不安を覚えている問題に関する書籍を読んで問題の解像度を高める
③筋トレして自信をつける

この3つですね。

まず、①については、あなたのお悩みの中から「働くことに対する不安」を感じ取ったので、実際にさまざまな職種を経験して改めて自分の得意不得意や能力を再発見し、ありのままの自分を認識して失敗や成功も愛してあげてください。

もちろんアルバイトくらいはしたことあるでしょうけど（したことがなかったらすいません）、学生だったときの視点ではなく、社会人としての視点で労働と向き合うようになると、同じ経験を積んだとしても入ってくる経験値は全く違うものになると思います。

特に不安傾向が強い今のあなたに探してほしいのは、「自信がつく経験」です。

自己啓発本などを読んでいると「シミュレーション通りのミスのない完璧な経験」が一番自信がつくと思われそうですが、一番自信がつく経験は個人的に「修正がうまくいった経験」だと考えています。

想定通りの経験は想定中に経験値を獲得できてしまうので実践する意味はあまりないですし、そもそも実際は仕事でも対人場面でも、程度の差はあるものの必ずイレギュラーは発生してしまいます。そのとき、あなたがどうするか、その経験を大事にしてください。社会のどの場面でもその人の真価が問われるのは、そのイレギュラーが発生したときです。

企業の不祥事でもそうですが、さっさと事実を認めて誠実に謝罪をするのか、それともコソコソ隠蔽してしまうのか、同じ不祥事でも将来の信頼回復を考えるならばどちらが最良な選択肢かはもうおわかりでしょう。

このようなイレギュラーを乗り越えるには、瞬時に現れる選択肢の中から素早く正しい解答を選択する能力が必要です。

しかし、その能力には失敗の経験も必要になってきます。

つまり、失敗なくして成功なしということです。そして、失敗は若いうちがいいです。やらないことで失敗を経験しないことのほうが実は長い人生において大きな失敗になることもあります。就職を控えた今だからこそ失敗し放題だと思いませんか。

だから、行動するなら今……というわけです。

そして②については、あなたは今不安の対象に関する解像度が低いがゆえに、「わからないことがわからない、怖い」の状態になっているのではないかと思います。未確認生物や幽霊も正体がわからないと怖いものですが、ただの合成写真だったり、木の木目だったりと正体がわかれば怖くありません。お化け屋敷だってどんなお化けがいつ出てくるかわかれば、不安はグッと抑えられるのと同じです（それはそれで面白くないですが……）

まずは、あなたが将来に感じている不安を３つ書き出しましょう。

そして、それぞれに関係する書籍を読んだり話を聞いたりするインプットの時間を作って、解像度を上げていき、今度は自分ならどうするかを書き出したり、友人に話したりしてアウトプットしていきましょう。そうすれば、問題への理解が深まるのと同時に自分のスタンスも理解できるようになるので、次第に不安は消えていくでしょう。

最後の③は今すぐにできることです。

とりあえず、筋肉を鍛える。

私たちがトレーニングをサボって筋肉を裏切ることはあっても、筋肉が私たちを裏切ることはありません。健全な精神は健全な肉体に宿ります！

さぁ、今からジムに入会しましょう。

筋肉があれば、何があっても「私……筋肉あるしな」と思えます。

また運動を習慣化することは生活習慣病の予防にもつながりますし、良いことばかりです。

さぁ、今すぐ筋トレを始めましょう。

あなたが筋肉を裏切っても、筋肉はあなたを裏切りません！

私も今から筋トレを開始します。

第6章

捨てる思考と他人に囚われない人生

人生3大ストレスは「健康問題」「金銭問題」「人間関係」

ちょっと前にも話しましたが、人生は自分のものです。

厳しい言い方になるかもしれませんが、最終的に自分で切り開いていかなければなりません。環境や他人のせいにしても、最終的に選択するのは自分なので完全に相手のせいということにはならないのです。

一方、人生は他者や環境との相互作用によって積み上げられていくものですから、豊かな人生を送る上で関わる相手は重要となってきます。これは逆を言うと、関わる相手や身を置く環境が悪いと、自分の人生も暗いものとなってしまう可能性があるということです。

しかし、そんなことを知っている人は多いと思います。それに、ここに至るまで私もつらつらと書いてきましたので、正直頭がぐちゃぐちゃになってしまっている人もいると思いますので、ここで誰にでもできるわかりやすい方向性をひとつ示しておこうと思います。

「自分を大切にしてくれる人を大切にする」

めちゃくちゃシンプルですが、非常に難しい方向性かもしれません。人にとっては独りよがりな方針だと反発を覚えてしまう人もいるでしょう。では、これも逆に考えてください。

「自分を大切にしてくれない人は大切にしない」

これだとストンと腑に落ちる人も多いのではないでしょうか。

物と同じように人間関係の断捨離も、オンラインを含めて人と浅く広くつながる機会が増えている今の時代だからこそ必要なスキルです。社会が進歩してつながれる人が増えたとしても、人間そのものの人とつながれるキャパシティはそんな簡単に進化しないでしょう。

もっと言えば、人間には平等に一日24時間の時間が与えられていて、その全てをつながっている人に使うことは不可能です。結果的に、取捨選択、優先順位をつけて接しなければならず、それを考えている時間やその過程で発生するディスコミュニケーションが原因でトラブルに発展したり……なんてケースも目にする機会が増えてきたような気がします。

自分のことを大切にしてくれない人に都合よく振り回されていると、自分の価値を感じにくくなってしまいます。

実は私、急速に誰かとつながれるようになった結果、多くの人間が容量をオーバーしているのにもかかわらず、さらに人間関係を広げてしまい無自覚に疲労感を覚えるようになっていってしまうのではないかと思っています。

去る者は追わず、合わない者からは離れる。

自分のために捨てることは悪いことではありません。

自分を守る有効な手段のひとつです。

しかし、それでも去る者に執着してしまう人もいるでしょう。

「連絡がなかった」「遊びに誘ってもらえなかった」「フォロー外された」「ブロックされた」など関係を切られたことに憤慨したり、相手を非難したりする人もいますが、関係を切られるということは、関係を切られた以外の意味を持たず、自分では解決できない問題だからです。ここに執着したとしても相手が変わらない限りはどうしようもないですし、相手を変えるには大変な労力が必要で、これも心が削られる原因になってしまいます。

自分のことを大切にしてくれない人に都合よく振り回されていると、どんどん自分の人生の時間も減りますし、自分の価値も感じにくくなってしまいます。

一気に断捨離せずとも、少しずつでも構いません。

自分の人生において、最優先は「自分の幸福」という指標はすごく単純化されていて乱暴にも見えるかもしれませんが、自分の軸を持てるようになることで自身の行動にも一貫性を持たせることができて、それが生きる自信につながります。

実際お悩み相談にやってくる人たちで、人間関係に疲れを覚える人は多くなっています。

そして、毎回同じ結論に辿り着くのですが、

「そんな疲れる相手とは関わらなくていいじゃん」です。

しかし、それができないから苦労している人も多いと思います。

特に苦手な人や嫌いな人に対しても、何かしら理由をこじつけてこだわってがんじがらめになってしまっている人は悲惨です。例えばトラブルになった相手と離れることを提案しても「なんで相手が悪いのに！」と自らストレスが増大する方向を選択してしまう人が

います。感情として理解はできますが、どう考えても悪手です。

このように自分を変える（変わる）ことではなく、相手を変える（否定して自分の正しさを示そうとする）ことに固執してしまい、結果的に問題を解決させられないまま貴重な自分の時間を浪費して引き返せなくなっている人は現実にもインターネットにも多く見かけます。最悪のケースだと徹底した他責と逆恨みで問題の本質を自分でもつかめなくなり、解決までの道のりがさらに遠ざかってしまっていることも。

だから、改めて、冷静に、自分が幸せになる軸で考えてもらいたいのです。

まぁ……ここまで言ってもどうしても離れられない人がいるんですけどね。他人からの無責任な助言で問題解決できているのなら、とっくにできているでしょう。

ある事象にぶち当たったときに、どうしてもカーッとなってそれしか考えられない人や途端に許せない気持ちが沸騰して自ら接近してそれしか考えられなくなる人もいますが、このような人は個人的にはまさに人間的で魅力的だなと思います。

煽《あお》っているわけではないですよ？

離れなければならないのに、離れられない。

相手が許せない。でも相手を許さないことで自らストレスを増大させてしまう。

矛盾を胸に抱えやすい人間そのものを表している状態といえるでしょう。

わかっているのに人に囚われるなという私のほうがおかしいかもしれません。

どうして人から離れられないのか。

少し考えてみると、やはり行きつくのが感情の話になります。

過去に囚われている人の「囚われ」を分解してみると、実は「人に執着している」わけではなく「（相手のせいで生まれたと本人が思い込んでいる）感情」にこだわっていることが多いように思います。

そして、その感情を引きずったまま生きているうちに、似たような事象や同じ事象に他者が巻き込まれている場面に遭遇して、当時の感情や経験が引き出されてついつい接近してしまう。その一方、相手は当時傷つけた張本人ではないので当事者との微妙な温度感のズレを生じさせてしまう。この認識の温度差が摩擦になり、あなたの感情に火をつける原因となります。

さらに場合によっては、事象の解釈の過程で囚われが思い込みを加速させてそれを事実化させてしまうのです。

少し前にネガティブ感情優位に物事を解釈することの危険性について話したと思います。

しかし、怒りや悲しみ、不安を持つなという話ではありません。ネガティブな感情もそれはそれであなたの感情なので大切にしてください。

何か事象を目にしたときに生起される感情は、その人の個性そのものだし、これが国家や大衆から否定されることは非常に危険です。他方で、当人の感情を受け止める側の自由もしっかりと保障されなければなりません。

ただし、特にネガティブな感情についてはうまく自分で処理できるようにならなければ、胸のつっかえを抱えたまま人生を生きることになってしまうでしょう。

その「つっかえ」の正体は、まさに先ほど説明した「囚われている感情」です。

しかし、うまく感情を言語化したり解釈することが苦手な人は、感情が生まれる原因になった相手に原因を帰属して解釈して意味づけをする傾向にあります。そして一生解決しない無間地獄に囚われてしまい、「人に囚われる」状態になってしまうのです。

被害者になると〝加害的〟になるのはなぜ？

さて、ここからは私の個人的な経験に基づく話になります。

私はいじめられた経験を克服したわけではなく、単純に逃げる（未来の幸福で取り戻す方向に意識を変える）ことで問題を無理やり終わらせました。当時から身体だけ成長した私の目線で考えると、被害感情が拡大しすぎていて社会全体を敵視していたと言っても過言ではない状態です。いじめっ子たちや学校の先生、助けてくれないクラスメイトなどに対する不満が次々と膨らんでいくような感じです。

ここで冷静に考えてみましょう。

どうして被害感情が拡大していくのでしょうか。
どうして敵がどんどん大きくなるのでしょうか。

まず「本人的に理不尽な状況に追い込まれている」ということがあるでしょう。

ここでいう理不尽な状況とは、あくまでも本人の受け止め方の話です。通常だと納得できるような落とし所を探そうと脳はさまざまな解釈を組み立てますが、例えばさまざまな理由で論理的思考力などが十分に備わっていない状態だと、状況を飲み込むための解釈そのものが困難で「わけのわからないことが起きている」けど「嫌なこと、苦しいこと」だけはわかるような状況と解釈する可能性があります。実際、私はそうでした。

しかし厄介なことに解釈はできなくとも、負の感情はどんどん溜まり続けるわけです。

そうなるとやがて、自分に向いて蓄積していた負の感情はいっぱいになり、受け止めきれなくなって溢れ出た感情のベクトルが外に向いてしまう……みたいな話です。

イメージとしては、開けっぱなしの蛇口の水をコップに注ぎ続けるような状態です。解釈がうまくできないと蛇口はずっと開きっぱなしになり、やがてコップから溢れた水は外へ漏れ出て周囲を水浸しにしてしまうでしょう。

負の感情の場合、内なる被害感情が外へ拡大していく過程で、自分の抱えている被害感情に見合った理由が必要になってきます。しかし、現実はそんな都合の良いものではないですから、今度は事象の解釈ではなく「被害感情の理屈づけ」を開始していくようになります。当初は「いじめっ子」や「学校の先生」だった加害者が次第に「クラスメイト」「学校」「社会」となり、やがて「自分の意にそぐわない他者全員／自分の思い通りにさせてくれない周囲」へと拡大し、本来自分の問題の原因にも「いじめ」や「自分の思い通りにさせてくれない周囲」を当てはめて考えるように……。

まぁ、こうなってしまうと少ししんどいですよね。

このようにいじめの問題から飛躍し、なんでもいじめに関連しているように思い込んでいくようになる例としては、直接いじめに関係していないことで例えば「対人コミュニケーションの問題」も「いじめの被害に遭ったから」と解釈してしまうような点です。

いじめられたから対人コミュニケーションの問題を抱えたのか。

それとも、対人コミュニケーションの問題がいじめにつながっているのか。

どちらにせよ、いじめるほうが悪いのですが、この両者を冷静に考えることは今後自分の人生を好転させるために避けることのできない問題です。

みなさんも他責思考という言葉を聞いたことがある人は多いと思います。

なんでも人のせいにする人って、すごく怖いし自己中心的な人だし付き合いたくないですよね。しかし、人間は誰しも解釈できない事象にぶち当たってしまうと、つい他責思考になってしまうことがあるのです。

要はバランスの問題です。

自分ばかり責めてもダメですし、相手ばかり責めてもダメ。

もちろん、いじめられている私はそもそも何も悪くありません。

どんな理由があってもいじめ行為は許されません。

しかし、今後自分が同じような理不尽な目に遭わないように対策することも大事です。まぁ……この話をすると、すぐに怒られてしまうのですがね。

2つは別々の問題です。

前者は「いじめ善悪論」で、後者は「自分の生き方の問題」で、そもそも対立しない話なのです。まぁ、ここでこの話を議論したいわけではないので、納得できない人がいたとしても「あぁ、こいつはこう思っているんだな」と受け止めていただければと思います。

私がいじめ問題から逃げることができたのは、きっと後者の問題を受け入れて解決できないいじめっ子たちの人間性の問題や環境について考えることをやめたからでしょう。

そもそも論として、いじめには加害者被害者共々に複雑な背景事情が絡んでいることが多く、単純化して解決策を検討することは非常に難しい問題です。

しかし、いじめ問題を引きずったまま大人になってニュースなどで「いじめ」というワードを見ただけで、「それが本人の地雷」として心の中で起爆し、急速に視野が狭くなって感情的になってしまいます。

そして、怒りや凝り固まった「べき思考」が根元になっている正義感から加害者に対してまるで「自分事」のように感情をぶつけてしまうようになるのです。なかには暴走して誹謗中傷や加害者への突撃を行う人もいるでしょう。そして、怒りや正義を振り撒いて食っている人間の養分にされてしまうのです。

ここで不思議なのが、加害者を叩いても第三者に生じるメリットはほぼないのに、どうしてそこに固執してしまうのかという点ですが、これはさっきから話している通り彼らの中では「いじめ」自体がまだ終わっていないからだと思われます。

報道されているいじめ問題の加害者を捜し出し、彼らに私刑を加えることで当時の自分を救済しようとしたり、社会の規範を確認しようとしたりしているのでしょう。

もしかしたら、加害者が炎上することで見せしめ的に恐怖を植え付けて社会規範を恐怖で統制しなければならないと思っているのかもしれません。悪が確実に裁かれる世の中でないと、彼らにとっては不都合なのです。また、外に原因を求めて彷徨《さまよ》っている彼らは自分たちの問題に気づきにくく、常に不満を抱えたまま理論武装して外に向けた攻撃的な言動や極端な行動に出てしまうのです。

囚われると動けなくなる「お気持ち呪縛霊」の正体

ここで一旦いじめ問題から目を切り離してください。

皆さんの周囲にも、言葉ひとつに過剰反応をしてなかなか離れられなくなる人はいませんか。こっちはそんなつもりが一切ないのに、言葉遣いや態度、表情などから、「バカにされた」などと突然因縁をつけてきたり、傷つけられたとあなたに迫ってくる人など。

これは多くの場合、受け止める側の問題になるのですが、本人に受け止める余裕がない状態だと、どうしようもありません。

インターネットやＳＮＳでも絶対に受け付けられない属性や関係性、カップリングや描写、表現等を「地雷」と言い表すことがありますが、怒っている相手の地雷を踏んでしまったからかもしれません。しかし、別に気にすることはありません。

本人の地雷はあなたや周りが設置したものではなく、本人が自ら設置したものです。

自分で設置したものが爆発して勝手に傷ついただけの話を、誰かに傷つけられたと話をすり替えて意味をこじつけて怒っているだけなので気にしなくていいと思います。

これも私の経験からも言えることです。

何か引っかかりを覚える、囚われている状態を続けて良いことは何もありません。

それは、あなた自身を苦しめるだけでなく、周囲の人を苦しめることになるかもしれない厄介なものです。嫌な経験に囚われて引きずっても、周りは何も変わってくれません。

周りが変わらないなら、自分が変わるしかありません。

ただ、そんな簡単に自分は変えられないですよね？

そもそも、そんな簡単に自己理解を深められるのならば苦労しないわけです。

だから、私は環境を変えてみることを提案します。


その実践として**「自分を大切にしてくれない人は大切にしない」**です。

他人と自分は同じように見えて全く違う存在で、完全にわかりあうなんて不可能です。

これを覚えていただければ……。

人間関係や感情に囚われなくなると、一気に生きやすさが増していきます。

あとがき

テキトーに生きてきて思うこと

執筆が一段落して、改めて人生で最も大切なものはなんだろうと考えてみました。

お金か。命か。それとも別の何かか。

この問いに対する私の回答は非常にシンプルです。人生で一番大切なものは「自分自身」。

こう答えると、すごく自分勝手な人間という印象を抱く人もいるでしょう。しかし、自分のことをしっかりと愛することができていないのに、そんな状態でどうして他者を大切にできるのでしょうか。普通に考えて難しい話ですよね。

他者に対する優しさも、手を差し出す献身も、自分に余力があることが大前提です。

余力とは、それが経済的なものなのか、それとも気持ちのゆとりの話なのか、状況によって異なりますが、無駄な囚われから解放されることで生まれるものです。それを分けてもらうことに罪悪感だったり、卑屈っぽく受け止めたりする必要はありません。

そもそも、人間は生まれたときから誰かに迷惑をかけて生きています。

本編でも少し触れましたが、社会や人生は他人との相互作用によって構成されている多面的な人工物です。そうであるならば、全部が全部、お互い様になります。

人生がうまくいっている人間というのは、人生がうまくいっていない人のおかげで得をしていると考えることもできるでしょう。人生はそもそも「究極の運ゲー」なのですから、最終的には「実力」ではなく「運」の勝負になります。

よって、突き詰めて考えたところで「運が悪かった／良かった」だけの話になるのです。

そのため、考えても問題の解像度を上げることができない場合には、あるところで「考えるのもやめる」というのもひとつの選択でしょう。まだ問題と向き合う準備や経験値が足りないのか、それとも考えるだけで無駄（運の良し悪しの話）なのかどちらかです。

また、過度に情報のインプットを止めることも自分の身を守ることにつながるでしょう。

タイトルにもなっていますが、自分の周りを飛び交う情報や感情の8割くらいはどうでもいいことです。ただあなたの周りを飛んでいるだけで、あなたに関係するものは実は少ないと思います。

本書でおすすめしている「テキトーな人」は自分という軸がしっかり確立している状態を指しています。だから、問題の切り分けや情報の断捨離も比較的容易です。まず自分のことを大事にして、その余力で周囲の人を助けているので一見すると優しい人に見えることがあるかもしれません。

ですが、私はみなさん全員に「テキトーな人になれ」と強要するつもりはありません。

個人的には、今の世界には、思考のベクトルを自分に向けることの大切さや何者にでもなれる世界だからこそ自分の軸を正しく持つことの重要性を考えてほしかっただけです。

あと、「何者か」になる必要もないと思います。何者にもなれなくてもいいのです。別にそれでも生きていけますから。……なんか言い訳っぽいですね。ただ生きづらさや息苦しさを感じている人が、本書を参考にして人生を好転させてくれたのなら素直に嬉しく思います。

私は今「世界で一番不真面目でテキトーなVTuber」として活動していますが、とても幸せな人生を送ることができています。周囲からは「不安定で将来性なんてない」「稼げるのは今だけ」などと冷ややかな言葉を浴びせられることもありますが、全く気になりません。それは紛れもなく自分で決めたことだからです。

それに、今私は幸せです。だから問題ないのです。

また、いろいろ言ってくる人は言いたいだけで、実際にVTuberをやめた後の責任までは取ってくれません。偏差値だけで進路を指図してくる進路指導の先生みたいなものです。

自分の軸を持っていないと、簡単に流されて、惑わされてしまう世の中です。

一度しかない人生。

貴重な時間を無駄にしないためにも、自身の生き方の確立はますます重要になってくるでしょう。

最後まで読んでいただき、ありがとうございました。

YouTubeもぜひ見にきてください。お待ちしております。

頑張ってもうまくいかない人生を変える思考術

世の中の8割はどうでもいい。

2024年2月12日　初版第1刷発行
2024年3月18日　第2刷発行

著　者　犯罪学教室のかなえ先生
編集人　安田典人
発行人　大澤竜二
編　集　千葉康永
装　丁　クマガイグラフィックス
D T P　昭和ブライト
校　正　別府由紀子
表紙絵　夢乃とわ
挿　絵　紀羅わたり
発行所　株式会社小学館
〒101-8001
東京都千代田区一ツ橋2-3-1
編集　03(3230)5930
販売　03(5281)3555
印刷所　萩原印刷株式会社
製本所　株式会社若林製本工場

Printed in Japan　ISBN978-4-09-389153-0